清华大学国际与地区研究院·编著 IIAS
Institute for International and Area Studies, Tsinghua University · Edited Collections

众观无界

地区研究学人眼中的发展中国家

张静 郑楠 主编

商务印书馆
创于1897 The Commercial Press

目 录

前言 *001*

欧亚 *005*

西亚北非 *051*

撒哈拉以南非洲 *095*

拉丁美洲和加勒比 *141*

东南亚 *185*

南亚 *229*

致谢 *273*

前　言

2011年清华大学百年校庆之际，时任清华大学校长顾秉林和常务副校长陈吉宁共同发起清华大学发展中国家研究博士项目，旨在培养一批具有中国背景、全球视野和当地视角的地区研究学者。作为发展中国家研究博士项目培养的最大亮点和特色，田野调查是本项目博士研究生培养中最为核心和关键的环节之一。在研究对象国经历至少两年的田野调查后，项目博士生能够通过直接观察来识别和理解真正有价值的问题，更重要的是获得文本资料无法提供的融入感和现场感。此外，田野调查还有助于研究者从研究对象的立场、逻辑和思维对具体问题进行观察和分析。

2017年9月，依托发展中国家研究博士项目，清华大学国际与地区研究院正式成立。基于项目经验，院内教师同样需要进行长时间田野调查，一方面是继续加深对研究地区的了解和理解，另一方面也是对自己此前的研究结果进行检验。我们认为，对研究地区和国家民众的理解与感同身受至关重要。

自2013年清华大学发展中国家研究博士项目的第一批博士生奔赴全球发展中国家进行田野调查至今，项目十届博士生的足迹已经遍布全球六大地区的40余个发展中国家。即便在2020年之后，面对肆虐的疫情，地区研究院师生仍然没有停止脚步，用行动践行着自己的学术理想。2022年，正值清华大学发展中国家研究博士项目创立十周年暨国际与地区研究院成立五周年之际，我们决定将十年来师生们记录的影像向公众进行展示，于同年11月举办了"田野调研图片展"，本摄影集亦是在此基础上应运而生。

从牧马嘶鸣声犹在的哈萨克大草原，到上帝的后花园斯瓦涅季山谷；从辉煌一时的波斯波利斯，到命运多舛的耶路撒冷；从非洲大陆最南端惊涛骇浪的厄加勒斯角，到冰雪逐渐消融的乞力马扎罗山；从蓝花楹点缀的巴西高原，到加勒比海风轻拂的哈瓦那；从钟声悠悠的曼谷佛寺，到帆影重重的马六甲海岸；从泰戈尔笔下"永恒面颊上的泪滴"的泰姬陵，到狮子岩上的锡吉里耶古城。六个地区无一不散发着其独特的魅力，吸引着我们步履不停。

本摄影集的作者均不是专业摄影师，拍摄设备也大多为师生的个人手机，因此图片在质量上无法同专业摄影媲美。但田野调查的魅力在于，无论照片是否清晰，颜色是否艳丽，每一个地点都是一段历史，每一张面孔都是一段人生。我们也衷心希望这本摄影集能够带领各位读者同地区院师生一起，跟随他们的镜头，神游他们眼中的大千世界，感受各个地区独具特色的田野风情与人文思考。

张 静

2023 年 2 月于清华园

欧亚——广义上指欧洲与亚洲的合称，狭义指原苏联解体和东欧剧变后的地区。国际与地区研究院欧亚研究范围主要包括俄罗斯、中亚、高加索、中东欧等地，共计 30 个国家和地区，多种文明在此交融碰撞，宗教主要为东正教、天主教和伊斯兰教。从东欧平原到东西伯利亚山地，从大高加索山脉到费尔干纳盆地，幅员辽阔的欧亚地区经济与社会发展各有特色，以其丰富多样的历史与人文内涵始终在漫漫历史长河中占有一席之地。

国际与地区研究院欧亚方向现有 3 名助理研究员、4 名在读博士研究生与 1 名科研助理，研究领域涉及政治学、理论经济学、世界史等学科，研究地域已覆盖哈萨克斯坦、吉尔吉斯斯坦、乌兹别克斯坦、格鲁吉亚、乌克兰、白俄罗斯、波兰等国家和地区。研究议题包括格鲁吉亚内政、俄格关系、中亚族群政治、中亚比较政治、欧亚地区国家社会问题、小国安全与外交、东正教的政治化、民族主义与伊斯兰主义的关系等方面。

牧人的款待、北极圈内的灯光、巴扎里的馕香、白夜的街头，还有那或燃烧或熄灭的长明火，幅员辽阔的版图和那段特殊历史留下的时代印记，本章将带领读者感受欧亚地区多彩的生活姿态。

欧亚

雨后傍晚的奥什

天空的乌云仍未消散，
时间来到了五点半，城市不合时宜地停电了。
天边被风撕裂的口子中，
晚霞正好照亮了奥什人的归家路。

王涛　2018年4月　奥什市，吉尔吉斯斯坦

当代吉尔吉斯族
牧民生活场景

牧民大叔正在为到访的客人煮肉。
在夏天到来之际,牧民都会转场到草原地区。
与传统的牧民生活相比,
他们有了汽车、手机,甚至还有发电机供电。

王涛　2018年6月　奥什州,吉尔吉斯斯坦

贝加尔湖的潜水者

贝加尔湖是世界上最大的淡水湖，
也是世界最深的湖泊，平均水深 730 米。
1 月至 5 月是贝加尔湖的冰封期，
冰层可厚达 1 米，卡车可以在冰面上轻松行驶。

张韦康　2015 年 5 月　伊尔库茨克，俄罗斯

牧羊人

历史上的哈萨克斯坦是一个畜牧业国家，
放牧是哈萨克人生活的基础。
但统计数字显示，近三十年来国内各类牲畜数量几经起伏，
除马匹数量有增长外，牛、羊数量均有大幅减少。

郑楠　2016 年 10 月　东哈萨克斯坦州，哈萨克斯坦

高加索山脉和 Gergeti 三一教堂

Gergeti 三一教堂建于 14 世纪，位于高加索卡兹别克山下。教堂与山景的映照是格鲁吉亚建筑与景观结合的完美案例，也征服了所有对高加索自然和人文感兴趣的行者。

石靖　2022 年 8 月　格鲁吉亚

欧亚

安宁的
第聂伯河

基辅人如何过夏天?
当然离不开第聂伯河——基辅的母亲河。

周游　2020 年 6 月　基辅市,乌克兰

北极圈内的乡村集市

摩尔曼斯克是北极圈内最大的城市，
但同许多北方城市不同，
摩尔曼斯克的冬天并不非常寒冷，
1月和2月平均气温为零下10—11摄氏度。
不冻港也造就了该城市在俄罗斯的特殊地位。

张韦康　2017年12月　摩尔曼斯克，俄罗斯

开学日

每年 9 月 1 日开学日是乌克兰重要的日子。
事实上，这是一项苏联传统。
这一天孩子们会穿上制服，手捧鲜花，
女孩子们头戴白花，和家长们一起到学校庆祝开学。

周游　2020 年 9 月　基辅市，乌克兰

夏园里的游人

夏园位于俄罗斯圣彼得堡市中心，
18世纪上半叶由彼得大帝下令作为皇家园林建立。
夏园以其喷泉和雕塑著称，是圣彼得堡市民休憩首选之地。
俄国历史上很多诗人和作家如普希金、阿赫玛托娃等，
都在自己的文学作品中对其有过描写和称赞。

张韦康 2015年5月 圣彼得堡，俄罗斯

消夏

众观无界 地区研究学人眼中的发展中国家

阿拉木图丝绸之路大街被当地人称为"阿尔巴特",
与俄罗斯莫斯科著名的阿尔巴特大街同名,
是阿拉木图市内主要的步行街。
不同民族、宗教习惯和肤色的人共同享用夏末傍晚难得的清凉。

郑楠　2022 年 8 月　阿拉木图,哈萨克斯坦

欧亚

待客美食

受邀前往当地人家里做客,
品尝吉尔吉斯族传统待客饮食,
有酸马奶、薄扎克(左上角)等。
主客一般都围绕饮食席地而坐,地上早已铺好地毯。
开餐时,由主人为大家切羊肉并进行分发。

王涛　2018年3月　奥什州,吉尔吉斯斯坦

馕

与新疆的馕相比，
吉尔吉斯斯坦的馕边缘较厚。
正式上菜前，饭桌上必定会有茶水和馕。
不管吃肉类还是蔬菜，
不配着馕的话就感觉吃饭没了"灵魂"。
这在吉尔吉斯斯坦南方尤为明显。

王涛　2017年1月　奥什市，吉尔吉斯斯坦

"来一支"

阿拉木图街头向学生出售香烟的小摊位,
香烟按"支"出售,生意火爆。

郑楠　2017 年 9 月　阿拉木图,哈萨克斯坦

众观无界 地区研究学人眼中的发展中国家

绿巴扎干果区

绿巴扎（巴扎意为集市、市场）是阿拉木图市内最古老的市场，
原型是1868年便开始存在的维尔尼市贸易区，
是市民日常生活中最为主要的采购场所之一，
人们可以在这里买到几乎所有类型的食物和生活必需品。

郑楠　2022年9月　阿拉木图，哈萨克斯坦

欧亚

致哀

2018年3月25日，克麦罗沃市一购物中心发生火灾，
造成包括37名儿童在内的共60人死亡。
红场边的亚历山大公园门前，
人们自发组织悼念克麦罗沃火灾遇难者活动。
由于遇难者中大多为儿童，
活动现场除了鲜花和蜡烛外堆满了各类毛绒玩具。

郑楠　2018年3月　莫斯科，俄罗斯

阿斯塔纳的一场暴风雪

哈萨克斯坦首都阿斯塔纳是世界上第二冷的首都，
冬天平均气温零下 20 摄氏度，
最低气温可达零下 40 至 50 摄氏度。

郑楠　2015 年 12 月　阿斯塔纳，哈萨克斯坦

A3 公路

A3 公路连接阿拉木图和乌斯季卡缅诺戈尔斯克，位于哈萨克东北部平原丘陵地带。深秋时节，原野一片金黄，驻足观望，古代哈萨克战马的嘶鸣仿佛就在远方响起。

郑楠　2016 年 10 月　东哈萨克斯坦州，哈萨克斯坦

夏末

8 月末的阿拉木图,
午间最高气温仍然可以达到 30 摄氏度以上,
遍地的落叶却已在宣告着秋天的到来。

郑楠　2022 年 8 月　阿拉木图,哈萨克斯坦

白夜——晚上十一点的圣彼得堡

6月21日是圣彼得堡的夏至,也称"白夜节"。
以后的几天每天有23个小时都是白昼,
剩下的1个小时太阳也不会完全"下山",
天边还会有一层微光。

郑楠　2018年6月　圣彼得堡,俄罗斯

阿拉木图市 Almaly 地铁站

大幅照片中纳扎尔巴耶夫意气风发。
2019 年纳扎尔巴耶夫卸任后,
哈国内涌起一股反纳扎尔巴耶夫家族风潮,
这在以前是不可想象的。
目前他的很多特权已被取消,
未来的命运仍然是未知数。

郑楠　2022 年 8 月　阿拉木图,哈萨克斯坦

众观无界　地区研究学人眼中的发展中国家

教堂婚礼

信仰是格鲁吉亚重要的文化传承，
也贯穿当地人生活日常的点滴细节。
在这片富饶的土地上，
传承千年的传统仍是人们不变的坚守。

石靖　2022 年 8 月　第比利斯，格鲁吉亚

欧亚

苏莱曼山

对中亚穆斯林来说，
苏莱曼山是仅次于麦加和麦地那的朝圣之地。
相传伊斯兰教先知穆罕默德曾在此祈祷；
建立了莫卧儿王朝的巴布尔也曾于少年时期在此地生活。
与苏莱曼山同名的苏莱曼山清真寺位于山脚下，
是奥什市最大的清真寺。

王涛　2017 年 1 月　奥什市，吉尔吉斯斯坦

阿依古丽

勤劳谦虚的阿依古丽是一位富商的女儿，
在自己的爱人牺牲后，她带着其心脏从山上跳下。
在阿依古丽跳落的地方开出一朵鲜红的花，
大家将其称为"阿依古丽"，象征对爱情的忠贞不渝。
看到过盛开的阿依古丽花的人将获得无限的幸福。

王涛　2018 年 4 月　巴特肯州，吉尔吉斯斯坦

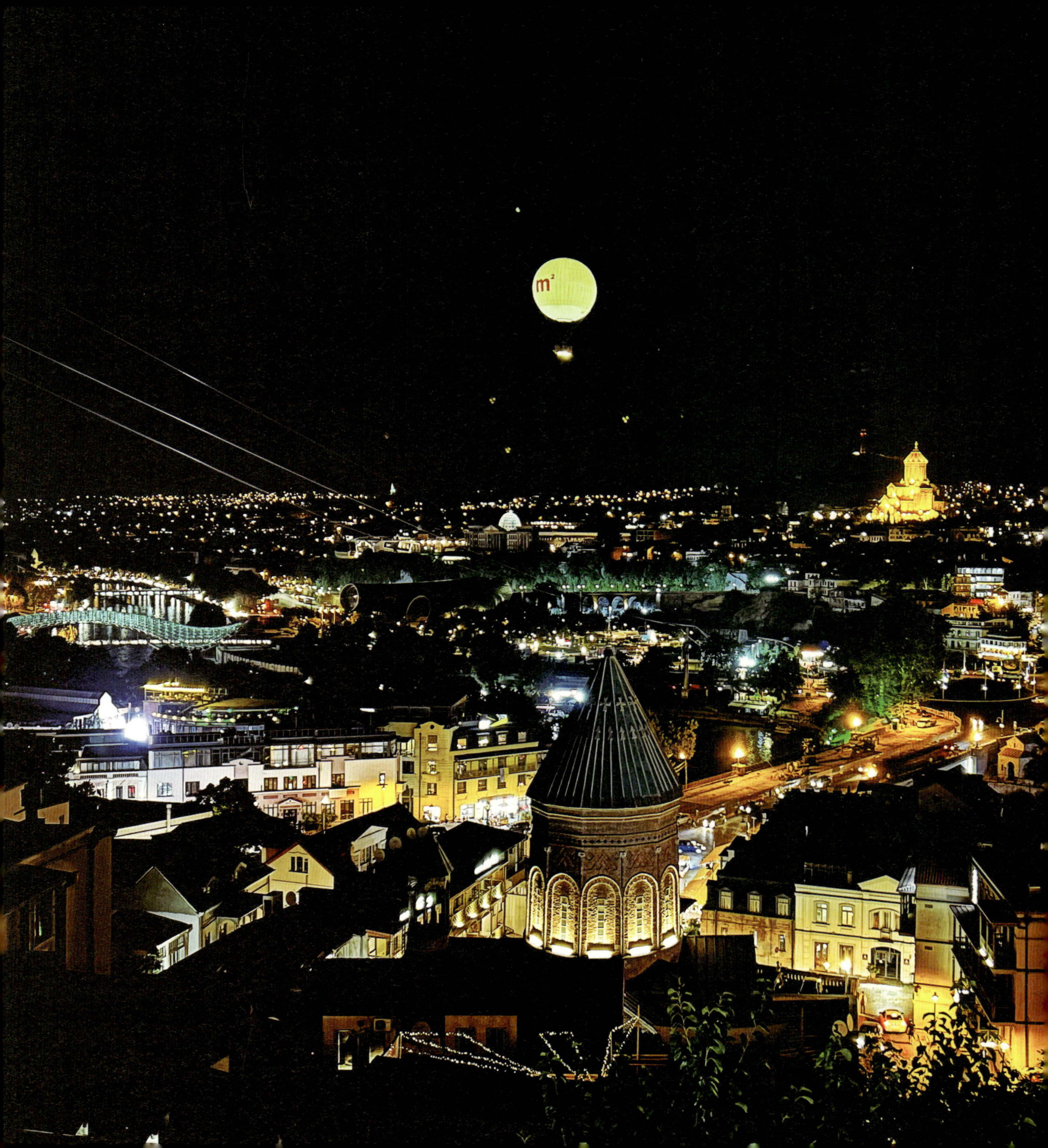

第比利斯老城

第比利斯在格鲁吉亚语中的意思是"温暖的地方"。
传说国王在这里发现了温泉，因此作为建立新城市的地点。
站在高处俯瞰第比利斯老城，
不同时代、不同风格的建筑交相辉映，尽收眼底。

石靖　2022 年 8 月　第比利斯，格鲁吉亚

阿纳努里要塞

要塞建于 16 世纪，
因登上《孤独星球》封面被世人熟知，
也几乎是造访格鲁吉亚必须打卡的地点之一。
在格鲁吉亚全境，
与宗教相关的历史遗迹记载了国家悠久且曲折的历史发展进程。

石靖　2022 年 8 月　格鲁吉亚

联通时代的城市交通线

第比利斯地铁开通于 1960 年代，是苏联第四个拥有地铁系统的城市。
2 号线理工大学站内部装饰有典型的苏联式马赛克壁画艺术。
该地铁站西边出口是第比利斯市主干道之一"北京街"。

石靖　2023 年 2 月　第比利斯，格鲁吉亚

欧亚

天桥与居民楼

建于1970年代的居民楼综合体位于第比利斯市西部，由于城市地形特点，建于山谷中的高层建筑以天桥连接，也为居民出行提供了便利。

石靖　2023年2月　第比利斯，格鲁吉亚

黑海消夏

巴统是格鲁吉亚著名的旅游休闲城市，
8月的黑海之滨吸引了来自世界各地的游客。

石靖　2022年8月　巴统，格鲁吉亚

讹答剌
古城遗址

讹答剌是蒙古西征导火索事件事发地，
在蒙古西征前是中亚最大的城市之一。
成吉思汗派往花剌子模的商团被讹答剌守将杀害，
成为 1219 年蒙古大军攻打花剌子模的理由。

郑楠　2017 年 1 月　奇姆肯特，哈萨克斯坦

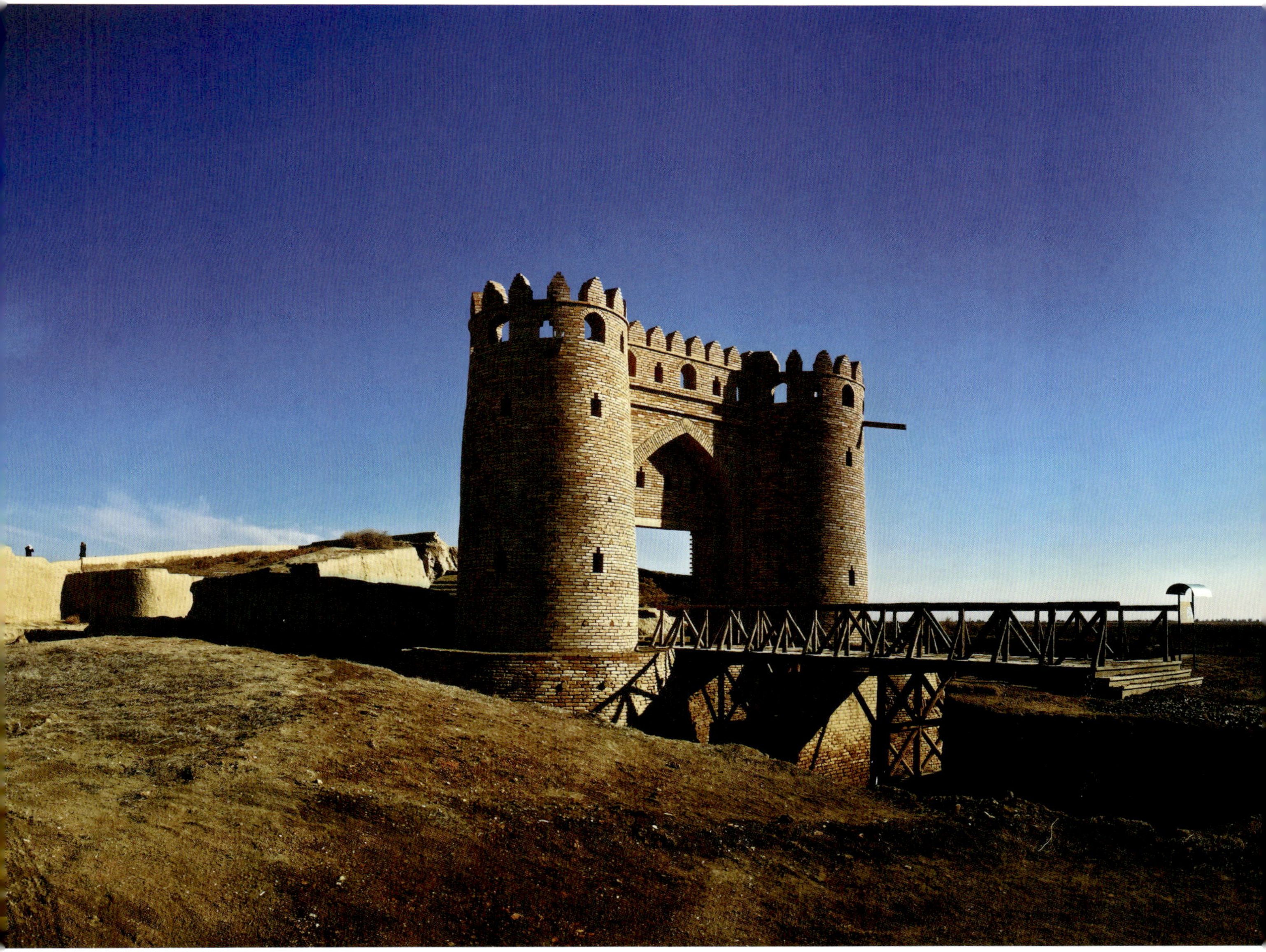

苏式建筑

第比利斯婚礼宫，
建于苏联时代的特色建筑仍是第比利斯的标志之一，
向每一位生活其中的居民和访问的游客诉说着穿越时间的故事。

石靖　2023 年 2 月　第比利斯，格鲁吉亚

众观无界 地区研究学人眼中的发展中国家

坚守

白俄罗斯是欧亚地区唯一还在过十月革命节的国家，这里保留了许多的苏联记忆。

周游　2022年12月　明斯克，白俄罗斯

欧亚

潘菲洛夫 28 勇士纪念碑

纪念碑位于阿拉木图市,
用来纪念在莫斯科保卫战中牺牲的潘菲洛夫师的 28 名英雄,
28 人中有 10 人来自阿拉木图。
纪念碑下方为该小队领导人克洛奇科夫在战斗中的名言:
俄罗斯虽大,但我们已经无路可退,我们的身后就是莫斯科!

郑楠　2016 年 9 月　阿拉木图,哈萨克斯坦

长明火

原苏联城市大多会在城内设长明火，
以纪念在伟大卫国战争中牺牲的英雄，
下列一组图片为哈萨克斯坦部分城市中的长明火，
有的仍在燃烧，有的却已经熄灭。

郑楠　2017年5月　阿拉木图，哈萨克斯坦

众观无界　地区研究学人眼中的发展中国家

欧亚

郑楠　2016年4月　阿克套，哈萨克斯坦

郑楠　2016 年 4 月　彼得罗巴甫洛夫斯克，哈萨克斯坦

郑楠　2016 年 4 月　科克舍套，哈萨克斯坦

郑楠　2016 年 10 月　厄斯克门，哈萨克斯坦

众观无界　地区研究学人眼中的发展中国家

欧亚

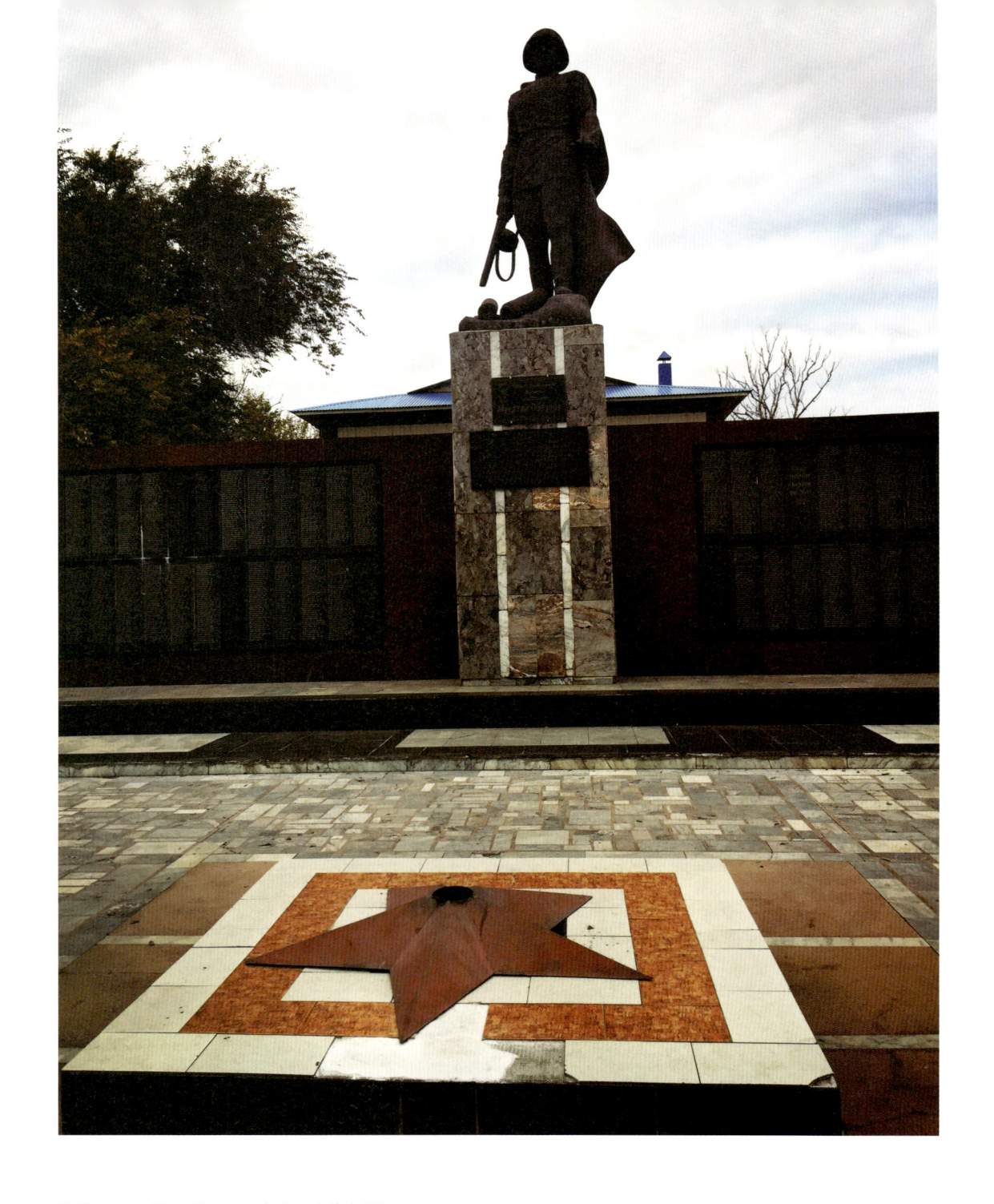

郑楠　2016 年 10 月　阿亚古兹，哈萨克斯坦

郑楠　2017 年 4 月　塞兰，哈萨克斯坦

西亚北非地区位于亚、欧、非三大洲的交汇处，东起伊朗高原，西至大西洋，北至高加索山脉，南至撒哈拉大沙漠，包括25个国家和地区。西亚北非地区地理环境多样，地区内存在雪山、沃野、绿洲、沙漠等众多类型的地理景观。西亚北非地区有着悠久的历史与丰厚的文化底蕴，是古埃及文明、古两河流域文明、波斯文明、阿拉伯-伊斯兰文明等辉煌文明，以及犹太教、琐罗亚斯德教、基督教、伊斯兰教等众多宗教的诞生之地。

国际与地区研究院西亚北非方向由清华大学国际与地区研究院院长、中国中东学会会长杨光研究员领衔，包含1名研究员、5名助理研究员、4名博士研究生、1名毕业校友与1名科研助理。团队当前研究对象国别覆盖沙特阿拉伯、土耳其、伊朗、埃及、阿联酋、卡塔尔、巴勒斯坦、以色列、摩洛哥等，学科领域涵盖政治学、法学、社会学、历史学，研究议题包括家族政治、军政关系、政治文化、伊斯兰金融及监管、比较宪制发展、族群关系、女性主义史学、选举政治和政党政治等。

德黑兰人家、耶路撒冷街头、阿曼山区、伊斯坦布尔码头、卡萨布兰卡涂鸦、沙特古城和阿联酋舞步，本章将带领读者领略西亚北非地区浓厚的历史和文明气息。

西亚北非

02

"光阴"

在粉红清真寺的夏宫，清晨 8 点到 10 点是最美的，
早晨温暖的光线正好斜照在巨大的彩色玻璃窗上，
在波斯地毯上投下美妙神奇的色彩和光影组合。
她没有光明王之墓的金碧辉煌，
她只在阳光灿烂的清晨，才展现出自己最美的一面。

刘岚雨　2017 年 11 月　设拉子市，伊朗

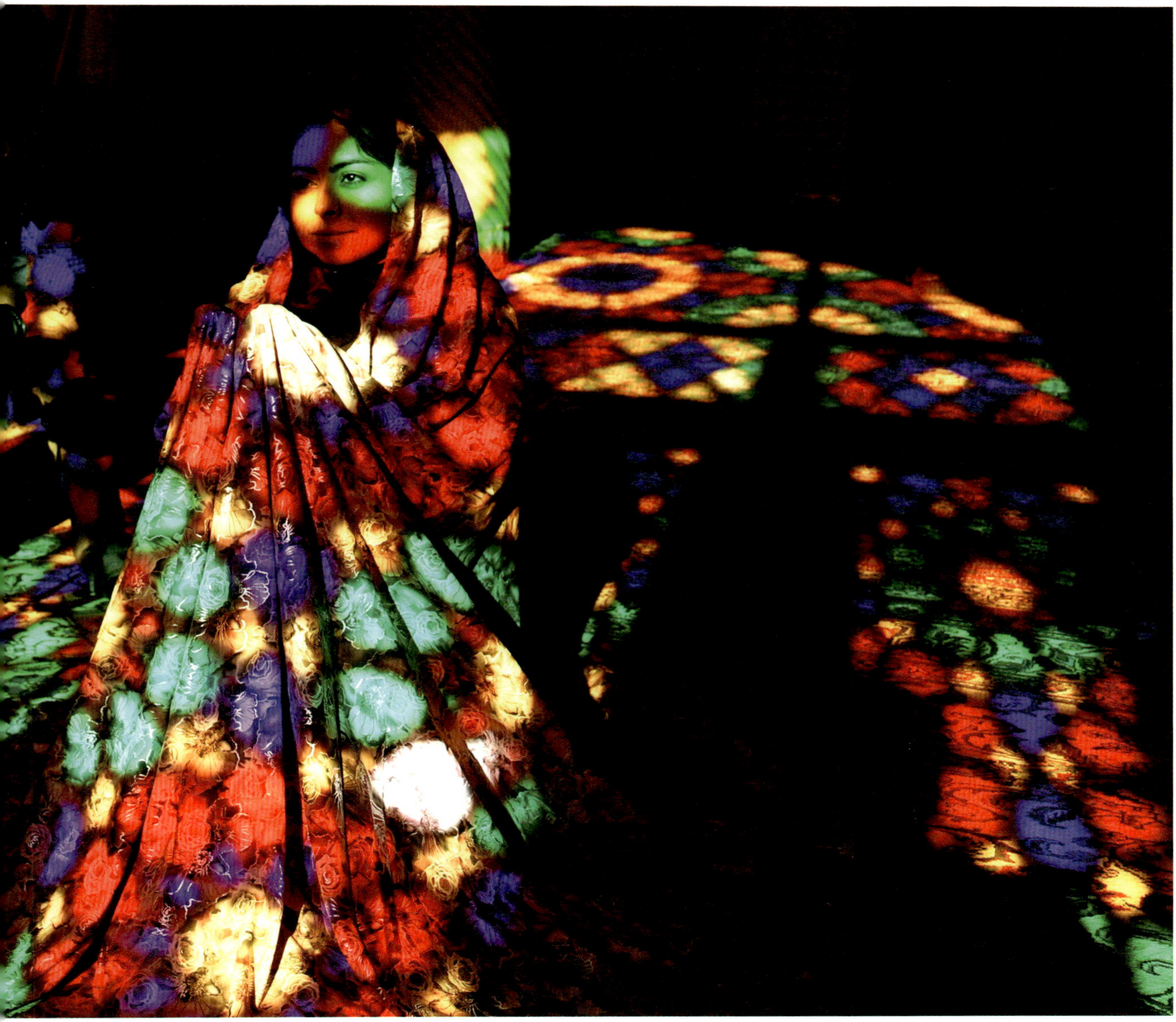

夏夜古街上
一位思考的少年

伊斯法罕是伊朗最古老的城市之一，建于公元前4、前5世纪的阿契美尼德王朝时期，其名源自波斯语"斯帕罕"，意思是"军队"，古时这里曾是军队的集结地，由此得名。

刘岚雨　2017年8月　伊斯法罕市，伊朗

烤馕店的阿富汗普什图族烤馕师傅

来自阿富汗和巴基斯坦的普什图人在阿联酋大多从事体力工作，他们非常吃苦耐劳，图中的普什图烤馕师傅正在馕坑上烤制馕饼。当时室外的温度将近 30 摄氏度，馕坑附近的温度接近 50 摄氏度。为节省电费，室内并没有安装空调，只靠一部电风扇来降温。

马悦　2017 年 12 月　艾因，阿联酋

生活中的文艺

在德黑兰一户中产家庭的聚会中,一位家庭成员演奏伊朗传统乐器塔尔琴。塔尔为长颈琉特类弹拨乐器,用金属拨子弹奏。与塞塔尔相比,塔尔的音色要更厚实。

刘岚雨 2020 年 5 月 德黑兰,伊朗

耶路撒冷中央车站旁弹奏乐器的犹太老人

习俗所限,
即使在夏天他也穿戴着其祖先曾在欧洲寒冷地区御寒的大衣和帽子,
只不过,过去与当下并非一直都是对立与撕裂,
衣着上强调历史与过往的街头卖艺人,
在音乐上也在使用着现代化的音响设备。

杨光　2016 年 7 月　耶路撒冷

دوران مذاکره تمام شده

#اقتصاد_مقاومتی #نگاه_به_داخل

"斗争"

伊朗国庆日是纪念伊朗摆脱西方殖民统治的重要庆典。一名民兵青年高举标语反对与西方继续进行接触，标语牌上写着"谈判时期终结了"。

刘岚雨　2018年2月　德黑兰，伊朗

"驮运"

德黑兰最受欢迎的达尔班德登山道上的驮运工。
达尔班德是德黑兰北部著名的避暑度假胜地,沿着山路遍布徒步小径。
这些小径沿着山坡向上,经过瀑布,跨过溪流。
每到伊朗的周末,这里都有熙熙攘攘的人群,
可以体验更地道的德黑兰普通百姓的生活。

刘岚雨　2020 年 11 月　德黑兰,伊朗

众观无界 地区研究学人眼中的发展中国家

阿曼山村中
用毛驴运输砂石的男性

米斯法特阿伯耶古村落坐落于阿曼哈贾尔山脉西麓的山区，
房子是村民们就地取材用石头和泥土堆砌而成，
村里的居民依然保持古朴简单的生活。
尽管已经修建了通往山下市镇的公路，
但一些崎岖的山路仍然无法通行汽车，
毛驴等牲畜仍是重要的运输工具。

马悦 2018 年 5 月 米斯法特阿伯耶，阿曼

西亚北非

土耳其
圣索菲亚大教堂内部

圣索菲亚大教堂有近一千五百年历史，见证了拜占庭帝国和土耳其奥斯曼帝国的兴衰起伏。几经政权更迭，其宗教用途和称谓亦发生多次改变，是基督教和伊斯兰教的重要代表建筑之一。

王霆懿　2022 年 7 月　伊斯坦布尔，土耳其

苏丹艾哈迈德清真寺里休憩的年轻人

苏丹艾哈迈德清真寺建立于1609年,
结合了拜占庭与奥斯曼建筑的精粹,
与临近的圣索菲亚博物馆一同遥望着伊斯坦布尔天际线,
彰显奥斯曼古典建筑最后一个典范之作的庄严与壮丽之姿。
清真寺的内部装饰着伊兹尼克烧制的蓝彩釉贴瓷,
光透过窗户的彩色玻璃投进清真寺内,营造出静谧、奇幻的氛围。

胡舒蕾　2019年5月　伊斯坦布尔,土耳其

沙特王国
德拉伊耶古城

德拉伊耶古城是沙特家族的兴起之地，
位于首都利雅得市的西北郊区。
该城以泥砖建筑著称，于 2010 年被列入世界遗产名录，
是沙特王国重要的历史遗迹。
目前，该城已被沙特开发为新的旅游景区，
成为新时期沙特改革开放的象征。

王霆懿　2016 年 3 月　利雅得，沙特阿拉伯

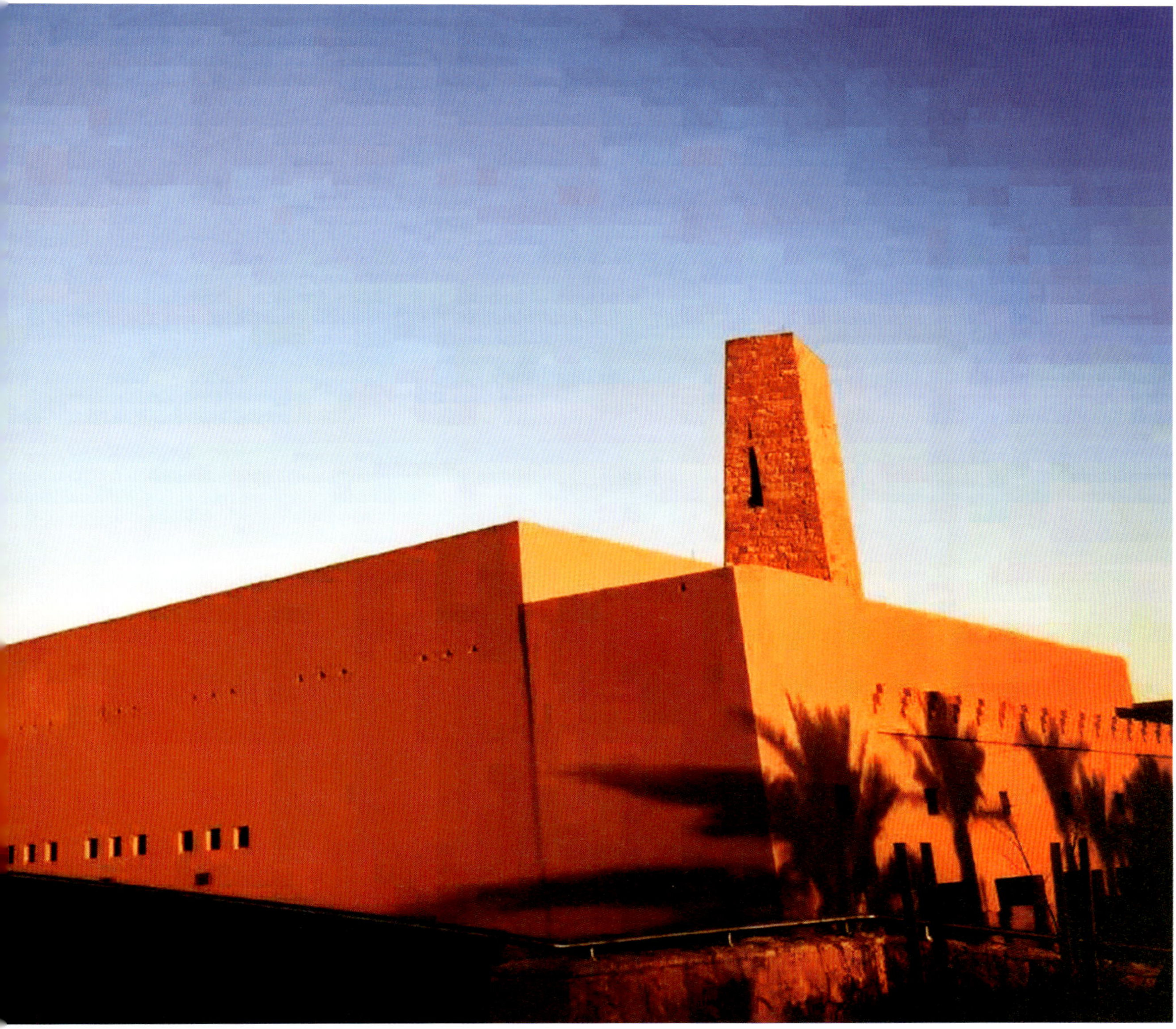

阿联酋传统阿亚拉舞表演

阿亚拉是阿联酋文化的重要组成部分，
体现了贝都因人（阿拉伯游牧民族）的理念与英勇精神，
彰显了尊严与荣誉的价值观，也成为民族认同与团结的象征。
阿联酋人在许多特定的时间和场所表演"阿亚拉舞"，
如今已成为阿联酋地区人们社交活动的一个重要娱乐形式。

马悦　2018年4月　艾因，阿联酋

贾希里堡垒外的阿亚拉舞表演

贾希里堡垒是阿联酋最大的堡垒之一，
由 19 世纪晚期阿布扎比统治者谢赫扎耶德一世下令建造。
该堡垒既是权力的象征，也是阿布扎比统治家族的避暑胜地。
如今，阿联酋每年都会于国庆日在这里举办盛大的庆祝活动。

马悦　2017 年 12 月　艾因，阿联酋

土耳其苏菲派旋转舞

舞僧身着带长裙摆的服装，象征自我的寿衣；
头戴长形高帽，象征自我的墓碑。
出场时将双手交叉于胸前，代表安拉是唯一的真神；
旋转时右手朝上，表示接收安拉的祝福；
接着左手朝下，表示将安拉的祝福传给众人。
旋转方向为由右向左的逆时针，
象征宇宙万物皆向着性灵、智慧、爱与真理围绕。

段九州　2021 年 12 月　科尼亚，土耳其

伊斯坦布尔广场兜售国旗的老人与身披国旗的年轻人

独立战争爆发百年后的 2019 年 5 月 19 日，
伊斯坦布尔广场上老人在售卖鲜艳的土耳其共和国国旗，
身旁紧跟的是身披国旗、庆祝这个属于他们的节日的年轻人。
土耳其现代史已悄然开启百年，
老与少、新与旧，是庆祝，是纪念，亦是传承。

胡舒蕾　2019 年 5 月　伊斯坦布尔，土耳其

西亚北非

"纪念"

阿舒拉节晚上，德黑兰北城民众点燃蜡烛，
纪念他们崇敬的伊玛目侯赛因的牺牲。
"阿舒拉节"是伊斯兰教什叶派穆斯林
为哀悼穆罕默德的外孙侯赛因遇难的重要纪念日。

刘岚雨　2016 年 10 月　德黑兰，伊朗

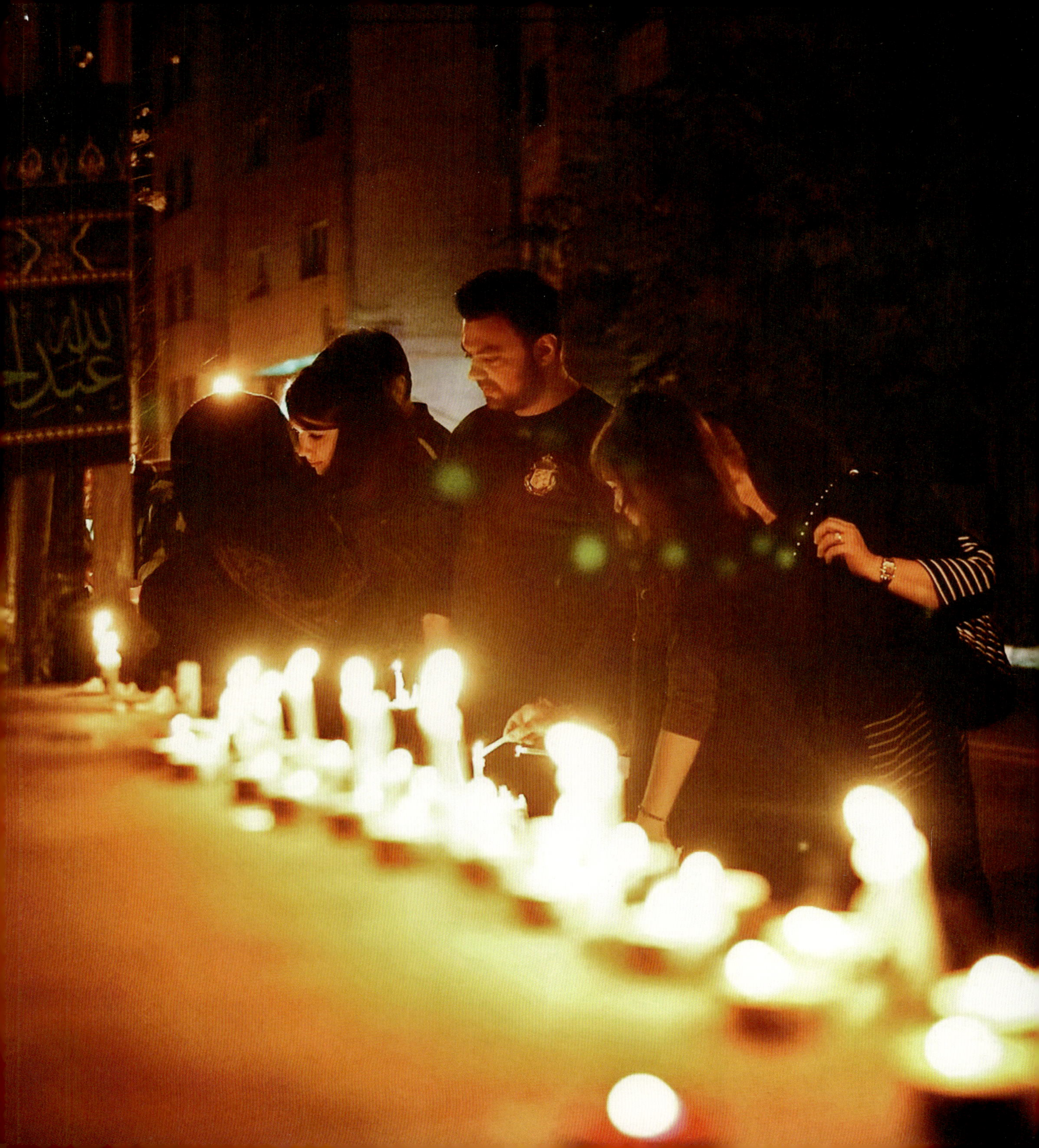

阿曼山村中
清洁蓄水池的儿童

法拉吉是阿曼人发明的灌溉系统，能够在不使用机器的情况下，将水输送到全国的几乎每个角落。在村庄中，法拉吉水道的维护工作由全体村民共同承担。

马悦　2018 年 5 月　米斯法特阿伯耶，阿曼

伊朗传统庭院建筑中的穹顶

众观无界 地区研究学人眼中的发展中国家

波斯社会深谙精巧、繁复、鲜艳的装修风格，
营造出富贵、神圣、愉悦的室内环境。
该穹顶摄于卡尚老城的塔巴塔巴依宅邸，建设于恺加王朝时期，
融合了波斯伊斯兰风格和欧洲哥特式花窗风格，
展现了19世纪末伊朗社会层面对西方文化元素的建设性使用。

刘岚雨　2020年8月　卡尚，伊朗

西亚北非

停放在屋顶的自行车

位于伊朗中央戈壁西北边缘的卡尚仍属沙漠气候，
清晨阳光明媚，中午烈日灼烧，午后暖阳怀旧。
在老城的咖啡馆屋顶，停着老式的中国产凤凰牌自行车，
后面座椅上搭着手工编织的彩条羊毛置物袋。

刘岚雨　2020 年 8 月　卡尚，伊朗

波斯庭院

布鲁杰尔迪庭院落成于 1292 年，
建筑用时 18 年，动用超过 1500 名工匠与画师。
南面的拱顶大厅装饰极尽奢华，
几乎每一寸墙面和天花板都装点有花纹和雕刻。
阳光透过拱顶上的窗户照亮天花板，
使穹顶看起来像一颗巨大的珍珠。

刘岚雨　2020 年 8 月　卡尚，伊朗

耶路撒冷"只有昨日"咖啡馆门前悠然自得打盹的猫

此处是耶路撒冷最为文艺的咖啡馆之一,
许多当地顶级的作家喜欢光临此处,在此讨论诗歌与文学。
可能因为猫是文人墨客最为要好的朋友,
咖啡馆附近的猫的数量要比周边其他社区多出很多,
状态也极为放松。

杨光 2022 年 6 月 耶路撒冷

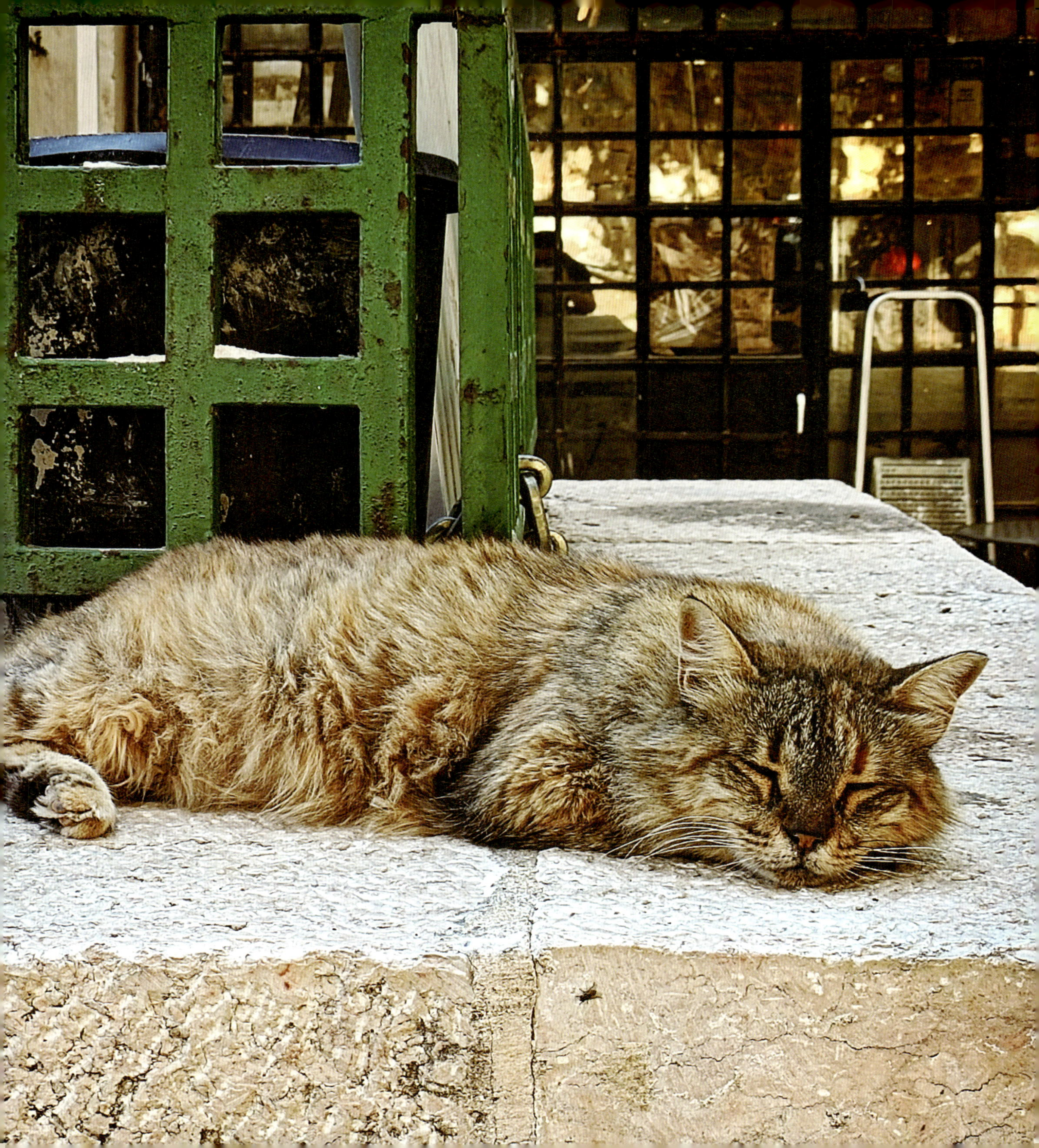

食物

位于厄尔布尔士山脉北麓的莫赞达兰省面朝里海，
气候温和多雨，物产丰饶，造就了深厚的美食文化。
与伊朗中部人喜欢原汁原味的烤肉不同，
莫赞达兰人烤肉喜欢事先用藏红花或石榴酱腌制，
味道更为浓郁，色彩也更令人愉悦。

刘岚雨　2017 年 7 月　莫赞达兰省，伊朗

贝西克塔斯码头

贝西克塔斯位于博斯普鲁斯海峡欧洲侧,
是伊斯坦布尔最古老的历史区之一,
从亚洲区沿岸的于斯屈达尔乘船横跨海峡,
最近距离的欧洲码头就是贝西克塔斯。
渡轮靠岸时,欧洲区的建筑逐渐清晰,
传统的清真寺和现代高楼鳞次栉比,
都是这座城市多元文化的印记。

段九州　2022 年 8 月　伊斯坦布尔,土耳其

众观无界　地区研究学人眼中的发展中国家

西亚北非

079

"负重前行"

卡萨布兰卡因其白房子而得名,
曾经给这座城市打下烙印的白墙,
如今被形形色色的涂鸦装扮成五彩的展板,
成为新世代表达异见的重要场所。
涂鸦表面展示的是用一己之力扛起整座现代化大都市的老妇,
实际象征着现代性给传统所带来的负累。

丁辰熹　2017年9月　卡萨布兰卡,摩洛哥

众观无界 地区研究学人眼中的发展中国家

海达尔帕夏火车站

海达尔帕夏火车站是奥斯曼帝国末期修建的第一条铁路线的始发站，
也是伊斯坦布尔最宏伟和最典型的欧式建筑之一。
土耳其铁路现代化的历史不仅仅在于技术层面，也有深刻的政治含义。
建筑顶部土耳其国家铁路公司的标志向人们说明这座建筑的历史意义。
当西方列强试图煽动地方叛乱和独立运动时，
奥斯曼帝国试图利用铁路的修建宣誓对中东地区领土的主权。

段九州　2022 年 8 月　伊斯坦布尔，土耳其

西亚北非

卡帕多奇亚的热气球

位于土耳其中西部安纳托利亚高原的卡帕多奇亚，
拥有数百年前火山喷发后留下的独特喀斯特地貌。
神似月球表面的自然风光
使其成为世界上最适合进行热气球飞行的地点之一，
热气球也成为卡帕多奇亚地区最重要的旅游收入来源。
相比于游客们对美景的向往与迫切，
这只是当地工作人员最稀松平常的一天。

胡舒蕾　2019 年 5 月　卡帕多奇亚，土耳其

手工艺品商店

伊朗电影博物馆一层的手工艺品商店。

刘岚雨　2021 年 3 月　德黑兰，伊朗

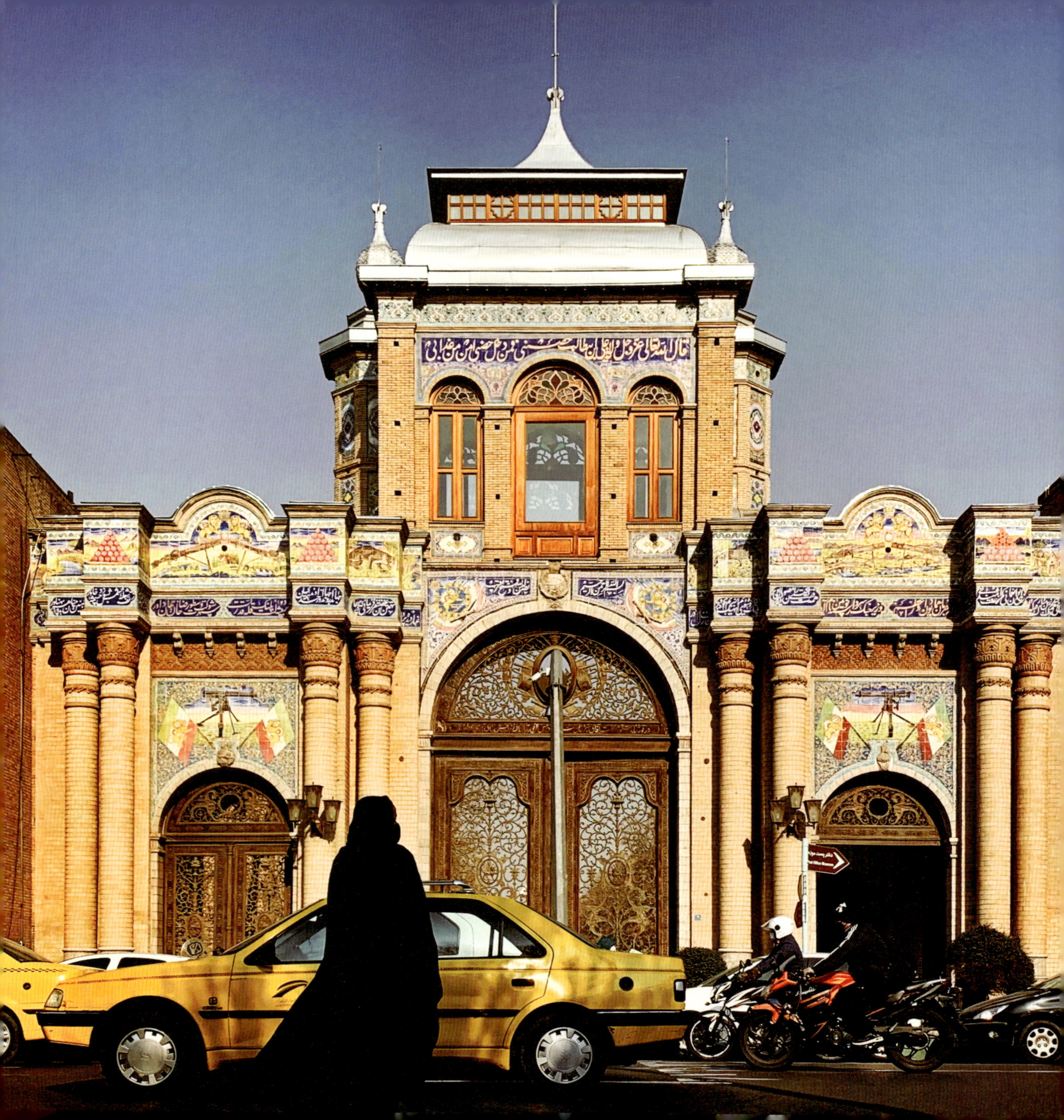

伊朗首都德黑兰
国家花园大门

伊朗国家花园大门是德黑兰最重要的历史建筑之一，
在自由纪念塔完工之前，它曾被视为德黑兰的象征。
花园于 1923 年竣工，
由伊朗建筑师贾法·卡汗与德国设计团队一同设计完成。
因此，花园的瓷砖艺术以及砖塔的建筑风格是传统波斯和欧式建筑风格的融合。

刘岚雨　2021 年 1 月　德黑兰，伊朗

贝西克塔什一隅

贝西克塔什位于土耳其伊斯坦布尔省欧洲区北部,
紧邻奥斯曼帝国新皇宫,自古就是文化交汇的城市繁华地段。
二层的红色旗帜属于土耳其最大反对党之一——共和人民党。
在土耳其,民众对政治的关注度很高,
在咖啡馆茶馆,人人都是高谈阔论的政治家。

朱珈熠　2019 年 11 月　伊斯坦布尔,土耳其

候船码头

伊斯坦布尔被海峡分为欧洲区和亚洲区，
工作机会大多聚集在欧洲区，而房租方面亚洲区更有优势，
因此坐船通勤成为当地人的生活日常。
但稀少的航线班次和有限的座位，
使紧张和焦虑的氛围常在候船码头内蔓延。

朱珈熠　2019 年 7 月　伊斯坦布尔，土耳其

西亚北非

礼拜

伊斯兰教主麻日的午间时光，
虔诚的穆斯林正在清真寺外席地祈祷。
摩达半岛地区被戏称为伊斯坦布尔的"布鲁克林"，
以开放和自由的氛围著称，却也不乏清真寺，但面积普遍较小，
无法进入其中的信徒只能被迫在大街上集体礼拜。

段九州　2022 年 5 月　伊兹密尔，土耳其

残破的清真寺与
漫山遍野的贫民窟

伊兹密尔是土耳其反对派共和人民党的大本营。
长达 20 年与执政党的不合作态度，
让伊兹密尔的基础设施建设远落后于伊斯坦布尔和安卡拉，
郊区的"贫民窟"肉眼可见的庞大。
内外交困的伊兹密尔传统世俗派，
是新自由主义全球化下发展中国家边缘人群的缩影。

西亚北非

段九州　2022 年 4 月　伊兹密尔，土耳其

博斯普鲁斯海峡
进入黑海的交汇口

博斯普鲁斯海峡连接黑海与地中海，
当下的纷争中，其战略重要性凸显。
但海峡最北端安宁的景象却好似与世无争，
很难和这片海另一端的战火纷飞联想起来。

段九州　2022 年 2 月　伊斯坦布尔，土耳其

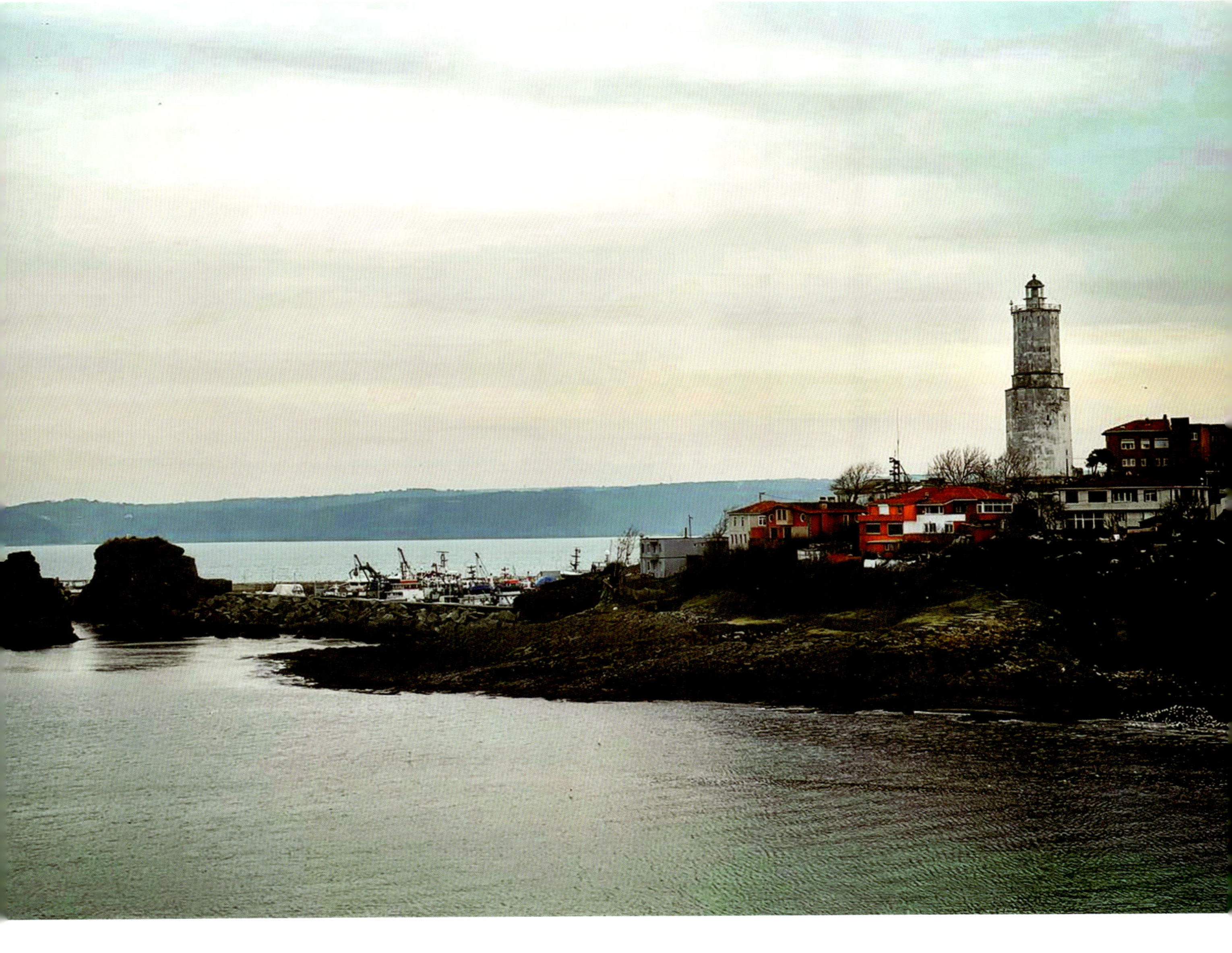

两伊边境的库尔德山村

Uraman 村地处伊朗西部边境扎格罗斯山脉深处，
地形狭长高耸，多岩少土。
勤劳勇敢的库尔德人利用山中丰富的石料，
依山修建了牢固的房屋，
并在为数不多的土地上种植了各种果树。
在人迹罕至的深山中能够看到努力生活的烟火气
总是会给人带来温暖与慰藉。

刘岚雨　2020 年 5 月　库尔德斯坦省，伊朗

"雪路"——暴雪中的山路

德黑兰是一座雪山下的城市,
在城市的任何地方都能看到这座让人印象深刻的雪山。
海拔1500米的厄尔布尔士山脉四季都有着皑皑白雪,
这是德黑兰为之骄傲的,
也是世界上独一无二的大城市与大雪山相依的自然与人文景观。

刘岚雨　2020年12月　德黑兰,伊朗

撒哈拉以南非洲泛指撒哈拉沙漠以南的非洲地区，又称亚撒哈拉地区、下撒哈拉等。自然地理上与旧热带界高度重叠，地形以高原为主，整个地势由东南向西北倾斜，是热带气候的集中地区。该地区包括所有或部分领土位于撒哈拉沙漠以南的40多个国家，人口约12亿，主要宗教信仰为基督教、伊斯兰教和地方传统宗教。撒哈拉以南非洲被认为可能是现代人类的起源地，这里也曾孕育过包括加纳、马里、桑海等帝国在内的辉煌古代文明；今天的非洲生机勃勃、前景广阔，是一片充满活力与希望的大陆。

国际与地区研究院撒哈拉以南非洲方向现有3名助理研究员、9名在读博士研究生、1名毕业校友与1名科研助理，研究领域涵括政治学、经济学、人类学、历史学、公共管理等学科，覆盖国家包括坦桑尼亚、南非、马达加斯加、毛里求斯、加纳、卢旺达、埃塞俄比亚、厄立特里亚、塞内加尔、尼日利亚、喀麦隆、乌干达等。研究议题覆盖园区经济、非洲经济史、管理理论和实践、东部非洲的疾病、农业、社会与文化，以及人文社科思想史、人文地理、发展研究等。

出海归来的渔夫、卖力表演的街头艺人、赤脚的孩童、满载货物的摩托运货商，历史上饱受磨难的非洲人民如今是否拥有了真正属于自己的人生？各位读者可以从本章的照片中略探究竟。

撒哈拉以南非洲

03

孩子与稻田

太阳开始西斜时,
稻香与虫鸣在马达加斯加中部的高原上交织,
赤脚的孩子们在田畴间帮忙干农活,
也等待父亲结束一天的劳作。

熊星翰 2017 年 5 月 菲亚纳兰措,马达加斯加

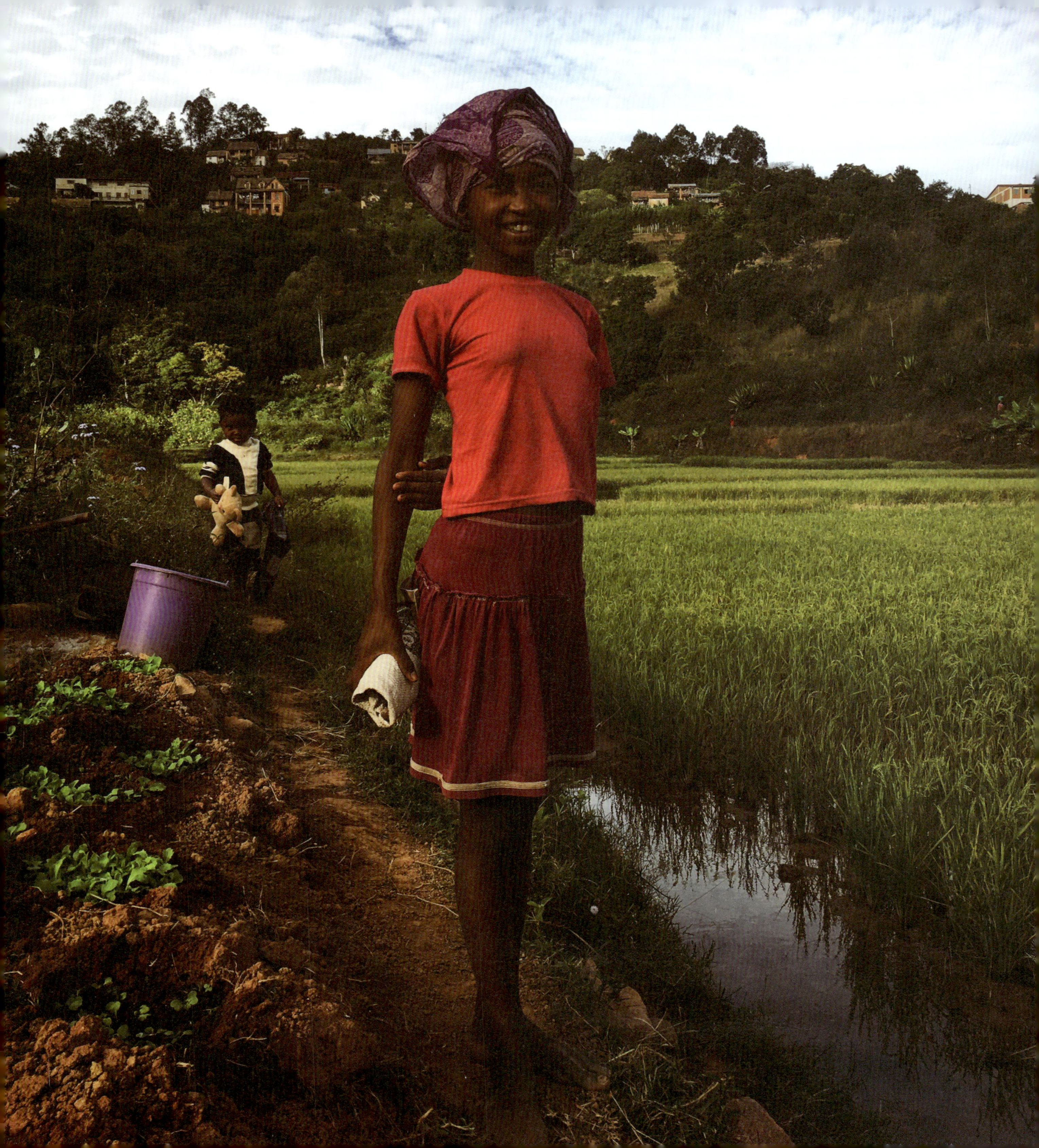

远眺基加利

被誉为"千丘之国"的卢旺达，
由连绵起伏的山脉和丘陵铺就，
基加利正是一个坐落在十几个山丘上的城市。

张水北 2022 年 11 月 基加利，卢旺达

科罗圭县某剑麻农场

从 1930 年代起,坦桑尼亚已成为世界上剑麻的主产国。
早期的剑麻种植业局限于坦噶地区的潮汐河流的附近。
随着铁路的修筑,剑麻种植深入坦噶地区,发展到科罗圭以外的地区。

高良敏　2016 年 1 月　科罗圭县,坦桑尼亚

撒哈拉以南非洲

坦桑尼亚奔巴岛

14 世纪某斯瓦希里城邦遗址上，
一头牛正在享用自己的午餐。

高良敏　2017 年 5 月　桑给巴尔，坦桑尼亚

依海而生

学会在海里谋生，
是马达加斯加西海岸 Vezo 人成年的先决条件。

熊星翰　2018 年 5 月　穆龙达瓦，马达加斯加

桌山，意为"海角之城"

南非的"平顶山"，可俯瞰开普敦市和桌湾，耸立于高而多岩石的开普半岛北端。

杨崇圣　2016年1月　开普敦，南非

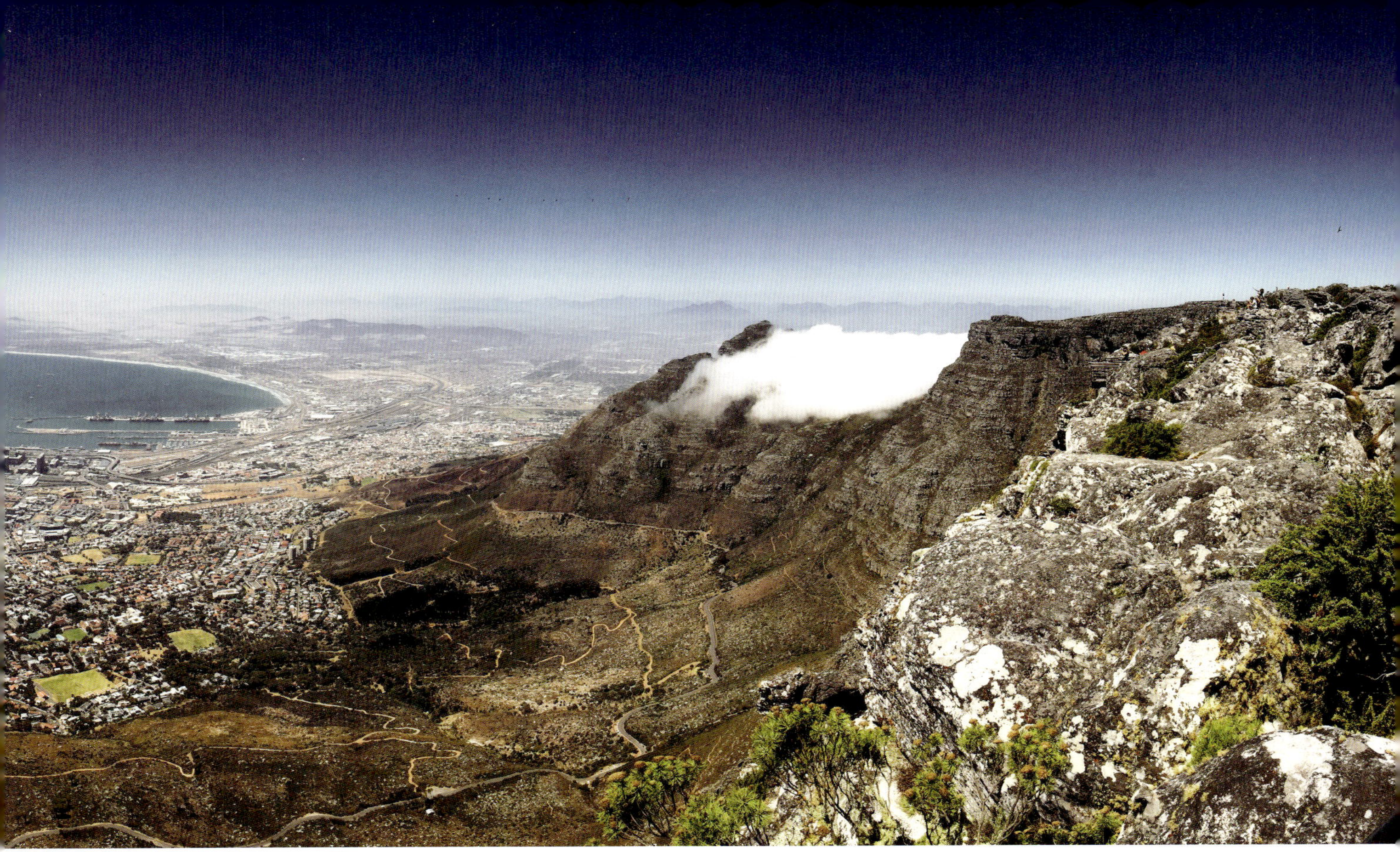

南非开普敦最繁华的
旅游景点

V & A Waterfront 和远处的桌山。

杨崇圣　2014 年 12 月　开普敦，南非

非洲大陆最南端——
厄加勒斯角

杨崇圣 2016 年 12 月 南非

万里千帆，打渔归来

享受印度洋的馈赠，
打渔成为坦桑尼亚奔巴岛上居民的重要生产生活方式。

高良敏　2017 年 5 月　桑给巴尔，坦桑尼亚

喀麦隆传统婚礼

众观无界 地区研究学人眼中的发展中国家

新娘的女性亲属们正在向参加婚礼的宾客们展示陪嫁的物资。

唐溪源　2018年4月　雅温得，喀麦隆

撒哈拉以南非洲

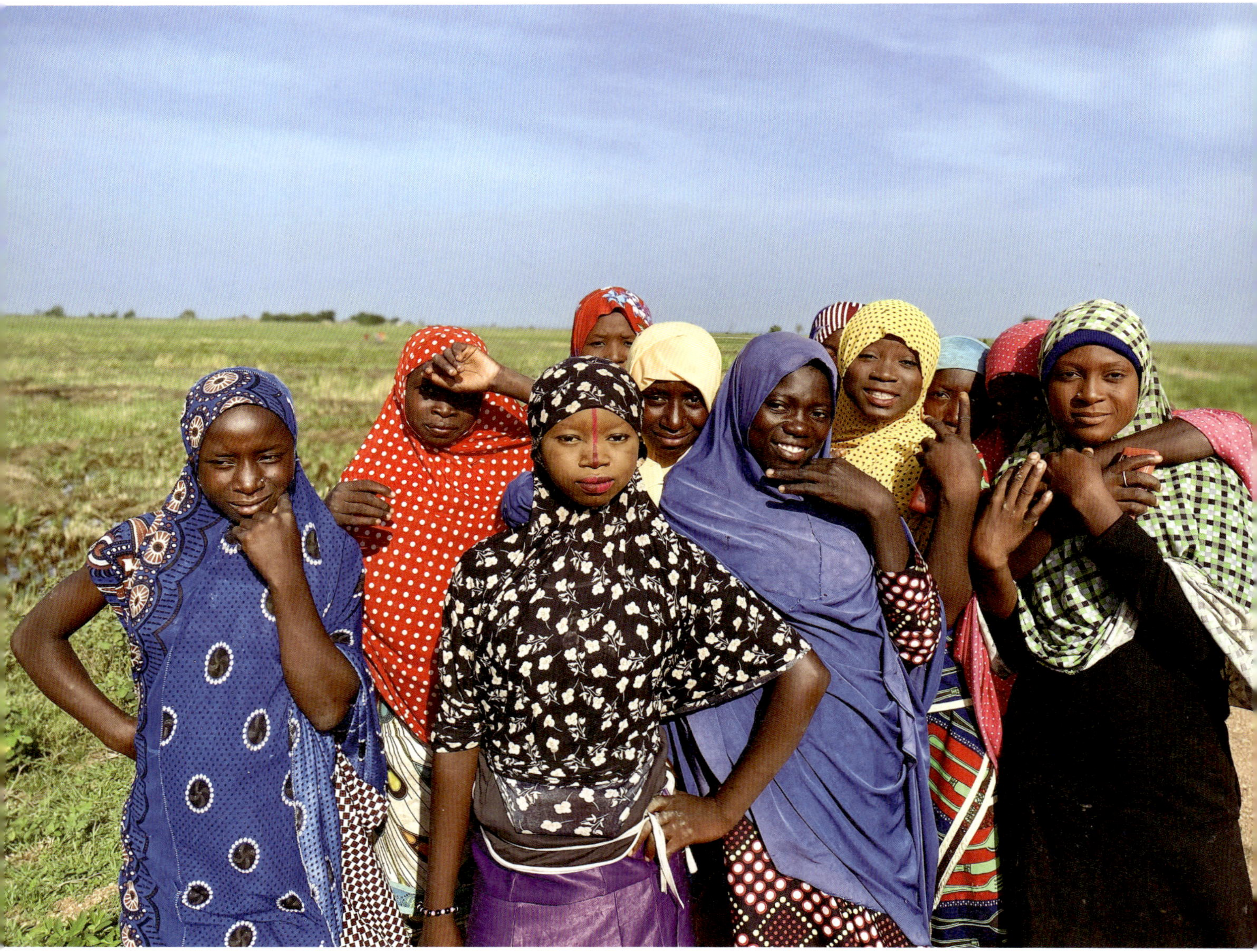

Pose

尼日利亚乡间小路上，一群衣着鲜艳的少女，
被询问是否可以拍照后竞相摆出最优美的姿势。

王书剑　2022 年 6 月　尼日利亚

夜训

夜间海滩散步，
偶遇正在练习杂技表演的团队。
肯杜瓦沙滩位于桑给巴尔岛北端，
有白色的沙滩和清澈的海水。

高良敏　2022 年 6 月　桑给巴尔，坦桑尼亚

众观无界 地区研究学人眼中的发展中国家

愁容

因为木薯地被酋长卖给了一家芒果种植园，
Tou Chale 一家即将陷入失地的境况。

冯理达　2022 年 4 月　Sabule 村，加纳

撒哈拉以南非洲

走上街头的艺术家

有些是生活所迫卖艺谋生,
有些则纯粹是为展示自己的才艺。

杨崇圣 2015 年 2 月 南非

南非街头艺人

他们成为城市中的一道文化景观，不仅有传统非洲鼓，西洋管弦乐器演奏也随处可见。

杨崇圣　2014 年 12 月　南非

撒哈拉以南非洲

家庭聚会

受邀参加当地朋友的家庭节日聚会，有打牌、家庭抽奖、趣味体育竞赛等活动。

熊星翰　2017 年 5 月　塔那那利佛，马达加斯加

午后偷闲

基加利市中心商业街上的窗帘小店里，
店员正在观看网络视频。
也许是视频内容足够吸引人，
路过的行人也停下来一同看了许久。

张水北　2022 年 11 月　基加利，卢旺达

现代艺术

V & A Waterfront 艺术品商店，门口的津巴布韦现代石刻作品看起来也有几分古色。

杨崇圣　2015 年 12 月　开普敦，南非

回忆壁

塔那那利佛朋友家的老屋，
墙壁上贴着逝去先人的照片。

熊星翰　2017 年 5 月　塔那那利佛，马达加斯加

河畔村落

旱季河流水位低,露出很大一片洪泛区,
利用这些白白得来的土地,
牧民在这放牧并种植季节性农作物,
毕竟雨季一来,土地就会被上天收回。

冯理达　2022 年 4 月　黑沃尔特河河畔,加纳

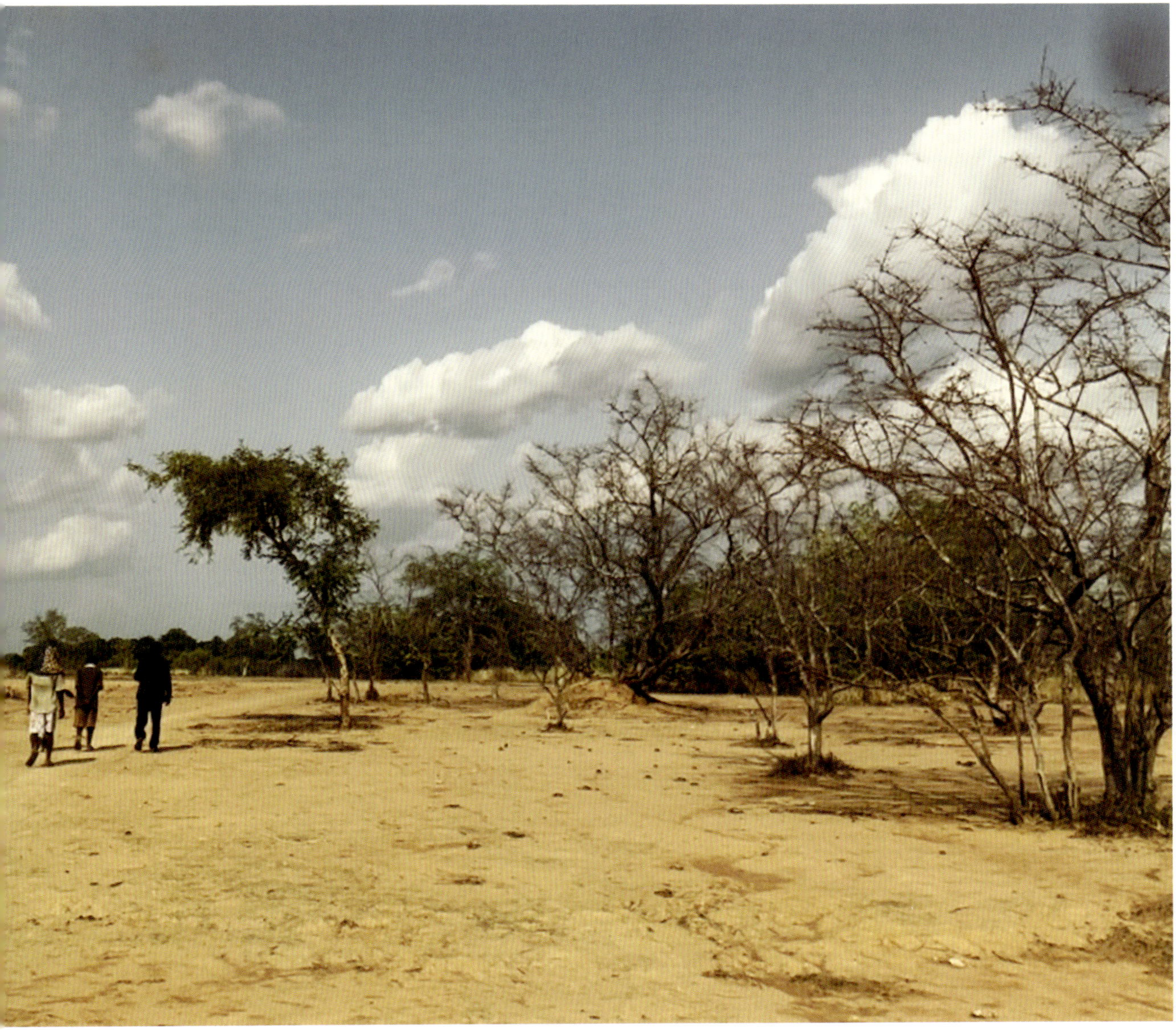

岛际交通

小舟是奔巴岛北端小岛居民来往于大岛的唯一交通工具。

高良敏　2017年5月　桑给巴尔奔巴岛，坦桑尼亚

等生意的车夫

人力车是马达加斯加外省常见的交通工具，
在安齐拉贝更是人们日常出行的首选，
客人少时，车夫们也只能在阴凉处"趴窝"。

熊星翰　2018 年 5 月　安齐拉贝，马达加斯加

运货车

在非洲一些地方，
城镇之间交通并不十分便利，
一些货车司机嗅到了商机，
你经常可以见到满载乘客的"货车"。

王书剑 2022 年 6 月 尼日利亚

众观无界 地区研究学人眼中的发展中国家

小巴

开学日一辆小巴从校门前驶过，
这种名叫 Ndiaga Ndiaye 的小型巴士为塞内加尔和冈比亚所特有，
座位价格基本固定，但行李价格需要同司机另议。

陈宏来 2022 年 10 月 达喀尔，塞内加尔

撒哈拉以南非洲

运货商

摩托车是尼日利亚老百姓出行的交通工具,也是生计之所在。
但近年飙升的油价,
让这些极力压缩成本的摩托车运货商压力倍增。

王书剑　2022 年 6 月　莫夸,尼日利亚

雨后

众观无界　地区研究学人眼中的发展中国家

大雨过后，长途客车站发车处泥泞不堪。
行人、人力三轮和机动车在水坑前交汇，
镜头后的我也曾在这样的三轮车上，
连人带行李被掀翻在水坑里。

熊星翰　2018 年 4 月　塔马塔夫，马达加斯加

撒哈拉以南非洲

乘客

干净的衣服、鞋袜，
自行车的挡泥板都展示着他的性格。
从后座的垫子来看，
这几个乘客至少今天运气不会太差。

张水北　2022 年 11 月　基加利，卢旺达

众观无界 地区研究学人眼中的发展中国家

未知

清晨准备出海的渔民，
硕大的渔网和长长的绳索都已经准备好，
今天会有怎样的收获呢？

熊星翰　2017年6月　东海岸，马达加斯加

撒哈拉以南非洲

桑给巴尔岛海边的
塑料垃圾收集装置

高良敏　2022 年 5 月　桑给巴尔，坦桑尼亚

BOTI YA CHUPA ZA PLASTIK

归家

夕阳下，塔那那利佛不知悲喜的归家人。

熊星翰　2018 年 8 月　塔那那利佛，马达加斯加

守卫

"FeesMustFall"抗议活动中，开普敦大学上校区某建筑门前安保升级。一众非裔警察和一名白人学生，带有极大的视觉张力。

杨崇圣　2016年10月　开普敦，南非

撒哈拉以南非洲

豪门婚礼

在坦桑尼亚的大部分地方，
西式婚礼并非所有普通人都能负担。
身为地方官员的新郎游刃有余，
对精英朋友们迎来送往；
新娘则坐在"乞力马扎罗山"脚下稍作休息，
准备迎接后续的仪式。

肖齐家　2018 年 8 月　Morogoro，坦桑尼亚

流动咖啡馆

条件恶劣、人迹罕至的盐滩,
瘦骨嶙峋的采盐矿工,
长满锈迹、污垢的茶壶和随地放置的杯子,
构成了一个流动咖啡馆。

江源　　2017 年 3 月　　提格雷,埃塞俄比亚

取水

撒哈拉以南非洲的 12 亿人中，
有 3 亿人居住在极端缺水的环境中，
甚至在临海有湖的坦桑尼亚也没有实现自来水入户，
去公共水源取水便成为农村妇女和儿童的日常工作。

高良敏　2016 年 3 月　科罗圭县，坦桑尼亚

休憩场所

金坦波农贸市场中常见被称为"pito"的啤酒馆，成为当地贸易者交换情报、歇脚的公共空间。

冯理达　2022年4月　金坦波，加纳

撒哈拉以南非洲

免费晚餐

参加完艾滋病诊疗中心的"妇女儿童活动日"活动后，打扮漂亮的妈妈正在享用某 NGO 提供的免费晚餐。

高良敏　2017 年 1 月　巴加莫约县，坦桑尼亚

传统手工咖啡壶制作

埃塞俄比亚政府低收入妇女辅助项目。

江源　2018 年 12 月　埃塞俄比亚

开怀

路边小餐馆的老板娘聊起孩子和未来时,
毫不吝啬地将充满希望和喜悦的笑容赠予了我。

王书剑　2022 年 6 月　莫夸,尼日利亚

黑狮

华侨侨领工厂中的普通工人表演中国传统狮子舞,
谢幕亮相让人眼前一亮。
拉各斯"华星艺术团"在当地小有名气,
不仅华人华侨,很多当地人也加入其中学习中国文化。

李连星　2019年8月　拉各斯,尼日利亚

拉丁美洲和加勒比地区是指美国以南的美洲地区，东濒加勒比海和大西洋，西临太平洋，南隔德雷克海峡与南极洲相望，共有33个独立国家和若干地区。拉美和加勒比的石油、煤炭、水利和地热等诸多能源资源丰富，传统文化资源丰富多样，自然景观绚丽多彩。人们在此可以走进辉煌灿烂的玛雅文化、阿兹特克文化、印加文化等古代文明，也可以领略丰富独特的原始森林、阳光沙滩、山川瀑布等自然风光。

国际与地区研究院拉丁美洲和加勒比方向现有2名助理研究员、1名博士后研究员、9名在读博士研究生、3名毕业校友与1名科研助理。全组师生研究涉及阿根廷、智利、巴西、秘鲁、墨西哥、古巴、委内瑞拉和中美洲等多个地区和国家，研究学科覆盖政治学、社会学、应用经济学、理论经济学、公共管理、艺术学理论、生态学、世界史等，研究议题包括政党城市政治、公共政策、社会不平等与教育流动、直接投资、园区经济、城市生态等方面。

里约和圣保罗，精英商务区和贫民窟形成鲜明对比；墨西哥城和布宜诺斯艾利斯街头，热衷于社会运动的人群正在狂欢；疫情下的哈瓦那人始终保持着自己的体面和乐观，热情奔放的拉丁美洲和加勒比人民始终不会丢掉活力。

拉丁美洲和加勒比

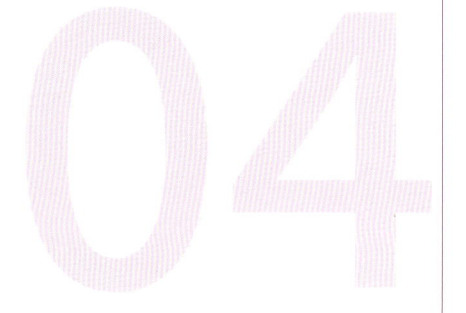

04

罗西尼亚贫民窟

里约靠海，贫民窟一般位于山上，
虽然上去较难，往往需要借助摩托或小公交车，
但越往高处，风景越好。
与贫民窟一线之隔的区域坐落着富人区的楼房，
高楼耸立，与贫民窟密密麻麻的低矮平房形成了对比。
尽管生活质量不同，但阳光、天气和美丽的海景却是完全一样。
上帝之城总是将最宝贵的东西慷慨地给予每位子民。

刘博宇　2019 年 5 月　里约热内卢，巴西

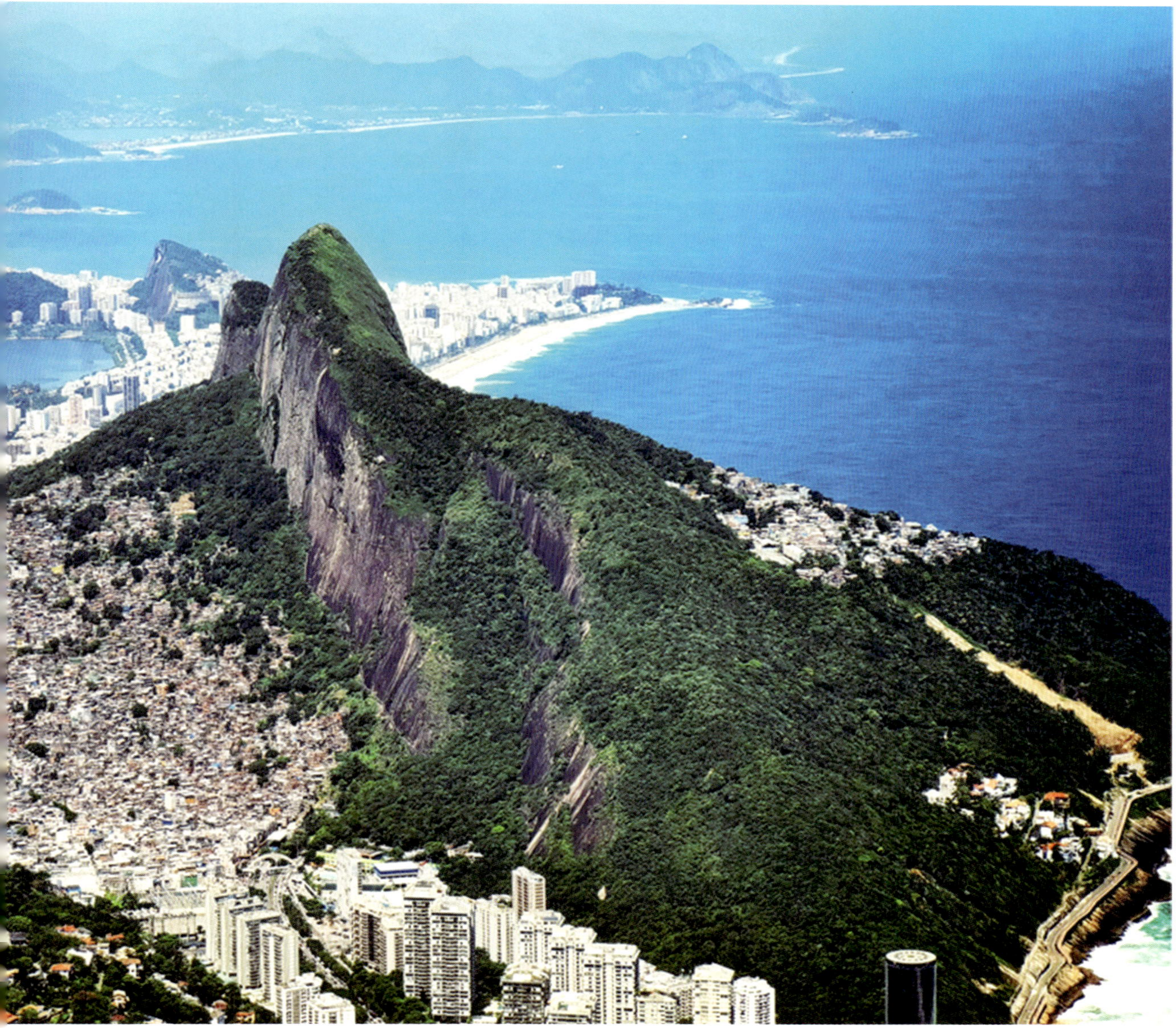

贫民窟

杂乱的小巷、弯绕的街道和普遍较低的房子,
家家户户楼顶均有蓝色的蓄水罐是贫民窟的标志。
由于经常停水,
所以每家每户都按照人数储备了蓝色的蓄水罐,以备不时之需。
贫民窟的房子是五颜六色的,
多彩缤纷的房子代表了巴西贫民窟人的生活——
也许并不富裕,也许有时是危险的,但仍然充满了情调和烟火气。

刘博宇　2019 年 7 月　里约热内卢,巴西

保利斯塔大街

圣保罗是巴西最富裕和繁华的城市,
著名的保利斯塔大街则是圣保罗的代表街区之一。
这里始建于 1891 年,是传统金融区,号称南半球的"华尔街",
林立的高楼,建筑风格极具现代气息。

周燕　2022 年 2 月　圣保罗,巴西

无家可归者在路边搭建的小屋

2013年政治经济危机、2018年经济自由化和随后的新冠疫情流行，让许多巴西人倒退回贫困状态。在保利斯塔大街两侧，住在街边的流浪者随处可见。与其他只能席地而居的流浪者相比，这个棚屋的主人显然有更好的流浪居住条件。

周燕　2022年2月　圣保罗，巴西

众观无界 地区研究学人眼中的发展中国家

周末街道集市

圣保罗这座国际大都市有其现代化的部分，
也有非常强烈和本土化的生活气息。
不同街区在周六或周日的上午都会有集市，
而集市也是一个充满人情味的社会互动空间。
摊贩们通常都是所售产品的直接生产者，
因此货物新鲜，价格合理。

周燕　2022 年 2 月　圣保罗，巴西

拉丁美洲和加勒比

金融商务区的路边蔬果摊

智利首都圣地亚哥拉斯孔德斯的金融商务区
被当地人戏称为"圣哈顿",
意为圣地亚哥版本的纽约曼哈顿。
这种金融区摊贩是智利经济发展模式的缩影,
在经济自由化带来特定行业蓬勃发展的同时,
就业机会的减少也让不少民众成为非正式经济的一员。

王诗傲　2022 年 6 月　圣地亚哥,智利

书报亭

阿根廷的书报亭往往充斥着许多具有本土特色的典型元素。
小女孩贴纸是阿根廷著名的政治讽刺漫画人物玛法达，
玛法达来自一个中产阶级家庭，
她的俏皮话针砭时弊，是阿根廷最具代表性的元素。
同样具有代表性的贴纸还有阿根廷著名的足球队博卡青年，
是阿根廷足球文化向外传播的名片之一。

袁梦琪　2015年8月　布宜诺斯艾利斯，阿根廷

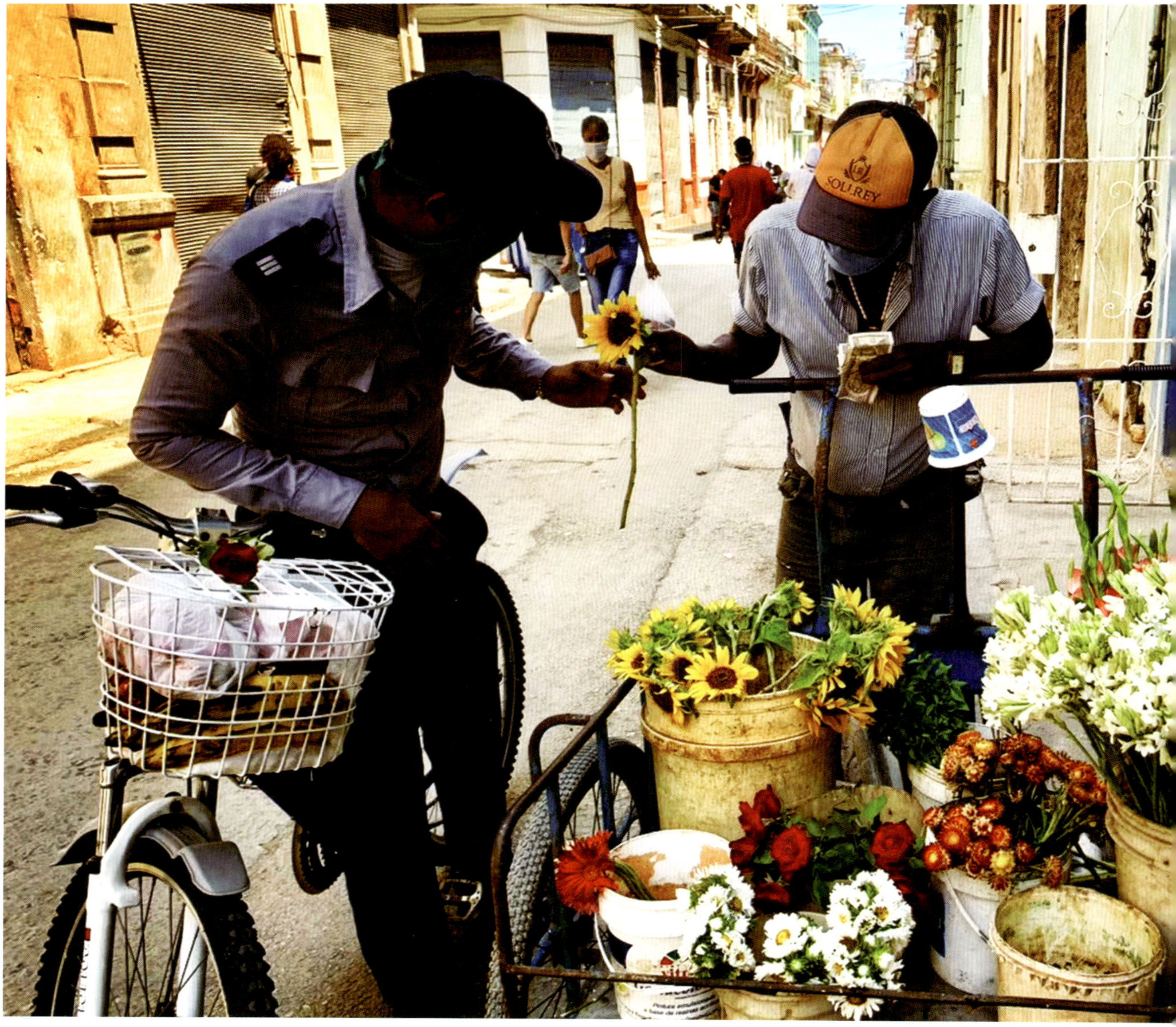

爱情与信仰

古巴三分之一的人从事着各类安保工作。
为维护治安和保障居民正常生活稳定，
疫情期间大多警察都无条件连夜值班。
一名民警早晨下班归来后，在街头购买了两朵鲜花，
一朵玫瑰送给他的新婚老婆，
一朵向日葵献给他的宗教圣母 la caridad del cobre。

唐永艳　2020 年 3 月　哈瓦那，古巴

海滩小贩

热闹的海滩造就了繁荣的海滩经济,
属于非正式经济形式的各类小贩是海滩经济的主力。
马黛茶口味偏苦偏涩,喜爱甜食的里约人就加入了糖。
一杯冰镇甜马黛茶带来的爽快,
让售茶小贩一天的收益颇丰。

周燕　2022 年 5 月　里约热内卢,巴西

奶牛工厂工人

阿根廷一直有"粮仓肉库"的美称,
大部分地区土壤肥沃,潘帕斯草原的农牧业尤其发达。
照片中是家庭农场的两名技术工人,
他们负责照料奶牛、挤牛奶和清理牛棚等体力劳动。
正是这些农场工人几乎全年无休的工作,
才能实现阿根廷农牧业的发展。

拉丁美洲和加勒比

袁梦琪　2017年6月　纳瓦罗市,阿根廷

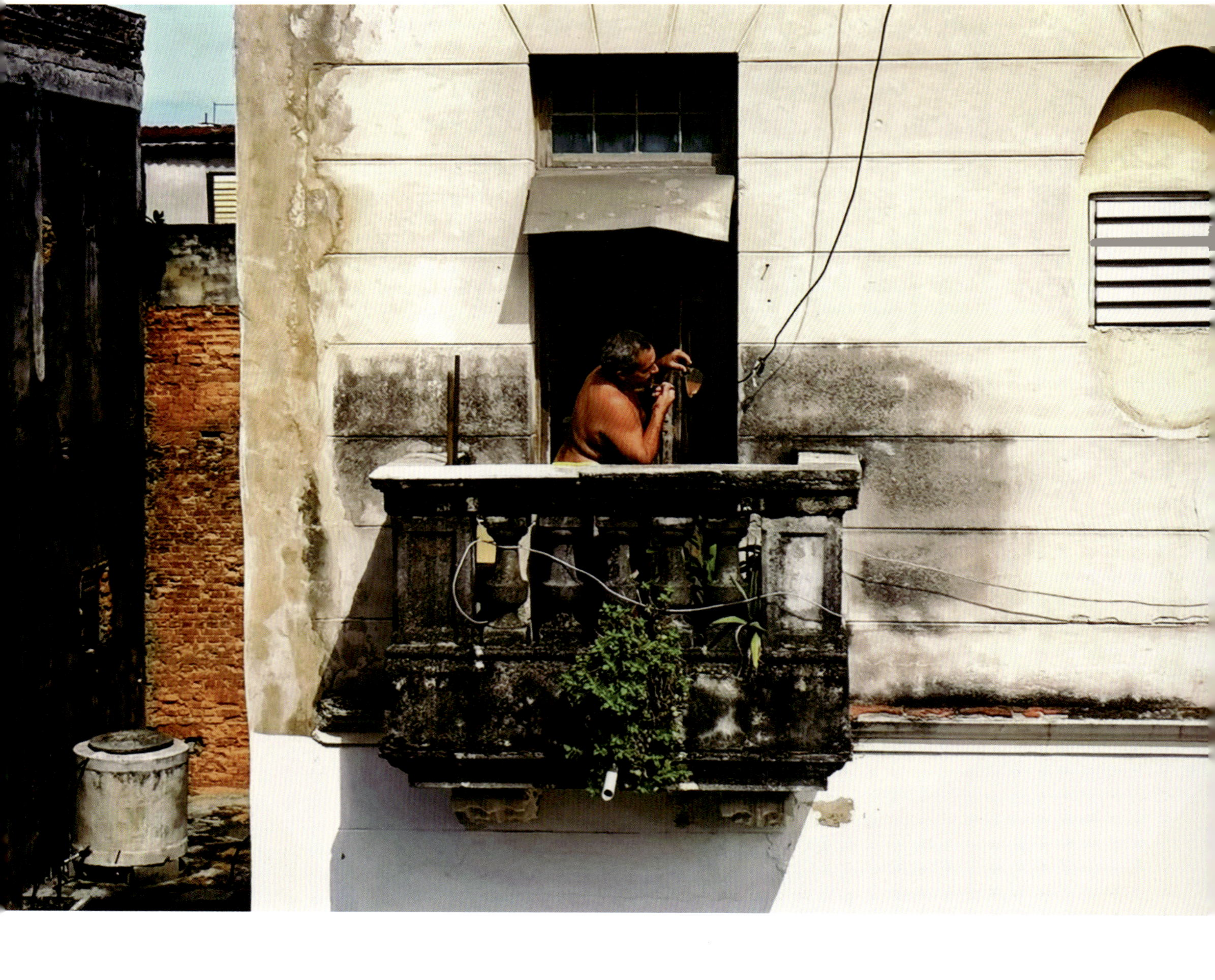

体面

疫情期间，一位老者用碎镜子修容剃须。
古巴社会主义革命后至苏联解体前，
依靠收编岛上的美国资产以及苏联的帮助，
古巴人民过上了物质丰沛的生活，
体面和尊严是一代人的生活印记。
这种生活态度并未被近三十年来物质匮乏的生活磨灭。

唐永艳 2020 年 9 月 哈瓦那，古巴

成人礼上的笑容

参加女孩成人弥撒仪式的青少年聚集在广场的大教堂外，他们盛装打扮，在镜头前留下了洋溢着青春气息的灿烂笑容。在墨西哥等拉美国家，女孩的成人礼被称为 Quinceañera，是墨西哥女孩生命中最难忘的一天。陪同女孩们参加天主教弥撒的包括她们的父母、教父教母，以及由朋友和同学组成的 7 至 15 对搭档。

李音　2014 年 7 月　瓜达拉哈拉，墨西哥

穆拉塔女孩

古巴的公共交通十分便宜，
因为车次较少，每个车站前都会排起长队。
两个穆拉塔女孩一直十分好奇地盯着我看，
当我回以微笑时，她们开始对着我扮鬼脸和抿嘴笑。

唐永艳　2020 年 1 月　哈瓦那，古巴

路边休息的女服务员

圣保罗市有"南美洲纽约"之称,
不仅由于其在巴西的经济和工业中的中心地位,
也因为该市发达的服务业。
路边休息的女孩在旁边的餐馆打工,
工资用以支付晚上私立大学课程的学费。

周燕　2022 年 2 月　圣保罗,巴西

独孤老者

古巴家庭法律规定，夫妻离婚后孩子通常由母亲抚养，
男性在年迈失去劳动力后大多贫困孤寡。
一方面，在古巴的免费教育和医疗条件下，
以较低成本接受了高等教育的孩子，
在于国内遭受制度性排斥的境况下大多选择了出国，
他们几乎只会给在古巴生活的母亲汇款；
另一方面，由于经济压力，古巴离婚率较高，
很多孩子跟随母亲辗转多个家庭，与父亲感情淡漠。

唐永艳　2020 年 3 月　哈瓦那，古巴

大鱼上钩

古巴提倡公有制经济,
私人捕鱼在古巴一直处于法律的灰色地带。
自疫情以来,由于古巴粮食供应不稳定、物资长期匮乏,
捕鱼成为古巴人补贴家用、获取食材的有效途径之一。
鱼竿的弯曲显示大鱼正在钩上,渔民的喜悦挂在脸上。

唐永艳　2020 年 8 月　哈瓦那,古巴

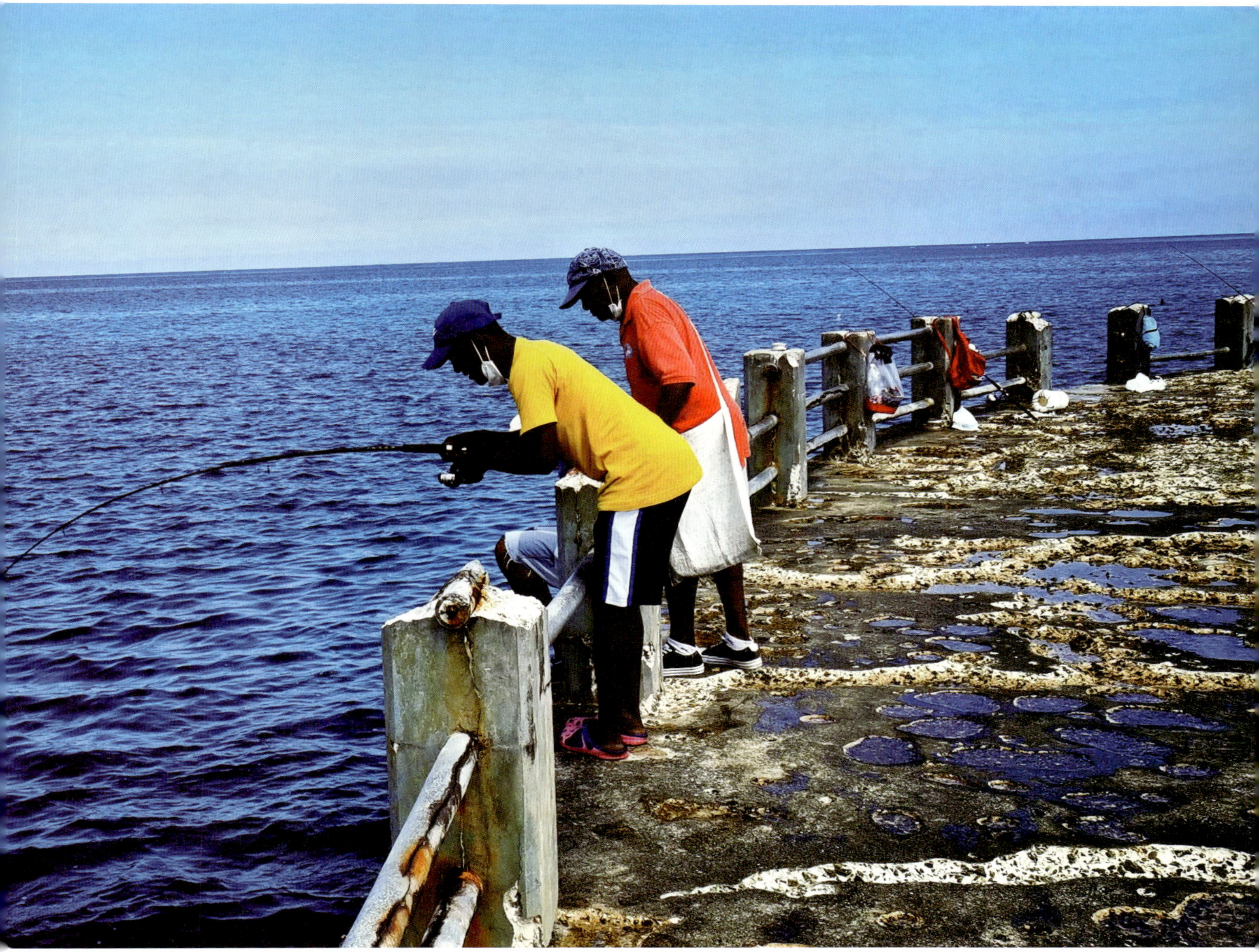

白发老者的眺望

疫情期间,古巴菜市场限流,每次只能进入 5 人。
尽管当下的古巴社会中阶级分化愈发明显,
但排队仍然是大多数古巴人的生活日常。
照片中,一名西班牙后代的古巴女士坐在街边等待被叫号。
由于彼时古巴买不到医用口罩,因此她带着自制口罩,
但仍然穿戴整洁,体态端庄。
这也是大部分古巴人展现出来的生活态度:生活虽艰难,优雅不可少。

唐永艳 2020 年 5 月 哈瓦那,古巴

众观无界 地区研究学人眼中的发展中国家

在游行中被封锁的阿根廷央行

阿根廷央行辞退包括前行长夫人和儿子在内的 47 名员工，
引发阿根廷银行家协会成员集会抗议，
使阿根廷央行保持"关门大吉"状态三个多月。
阿根廷整体的强社会弱国家形态，
在这样的最高国家机关和民众的力量对比中显现得淋漓尽致。

袁梦琪　2016 年 3 月　布宜诺斯艾利斯，阿根廷

拉丁美洲和加勒比

163

市政厅议案投票

里约热内卢市政厅建于1919—1923年，建筑风格被定义为折中主义，市政厅造价高昂，有"黄金笼"的绰号。由于同期建成大量类似风格的建筑，里约热内卢被当时的历史学家称为"热带巴黎"。全体大会厅是市政厅主要议案进行全体投票的地方，壁画体现的是巴西历史上独立运动领导者蒂拉登特斯遭受酷刑的场面。

周燕　2022年5月　里约热内卢，巴西

在圣地亚哥核心要道阿拉梅达大街附近分布着两大名校：
智利大学安德烈斯·贝略校区和智利天主教大学主校区。
学生是当今智利最活跃的社会群体之一，
因此这一区域的墙面也变成了各色宣传海报的密集分布区。
这张大幅海报格外显眼，
主要内容是以镰刀锤头为标识的智利共产党打出的黑色标语：
"和人民一同斗争 110 年"。

王诗傲　2022 年 6 月　圣地亚哥，智利

宣传海报

众观无界　地区研究学人眼中的发展中国家

拉丁美洲和加勒比

游行

游行队伍正穿过墨西哥城最主要的"改革大道",
引发了墨西哥城交通的全面瘫痪。
他们用行动呼吁新的改革,提高薪酬待遇。

王瀚生　2022 年 6 月　墨西哥城,墨西哥

众观无界 地区研究学人眼中的发展中国家

早高峰

布市地铁 A 号线是阿根廷最具历史感的地铁线路，
建于 1913 年，没有封闭的窗户，也没有空调可制冷暖。
生活在不同国家的当代打工人，却有着相似的经历。
上地铁全靠早起或硬挤，
每个人都像沙丁鱼一样挤在早高峰的地铁中，
在车内，想摔倒都难。

袁梦琪　2015 年 8 月　布宜诺斯艾利斯，阿根廷

拉丁美洲和加勒比

国会广场上的
阿根廷劳动节游行

以阿根廷工人党为主的群体在国会前集会，
呼吁铭记工人群体的伟绩并要求增长正式雇工的工资。
工人阶层在阿根廷政治生活中具有较高的政治能动性。
每年的劳动节，工人组织自发进行集会，
一方面为庆祝这一属于他们的节日，
另一方面也是呼吁政府改善工人的处境，为这一群体争取更多的利益。

袁梦琪　2016 年 5 月　布宜诺斯艾利斯，阿根廷

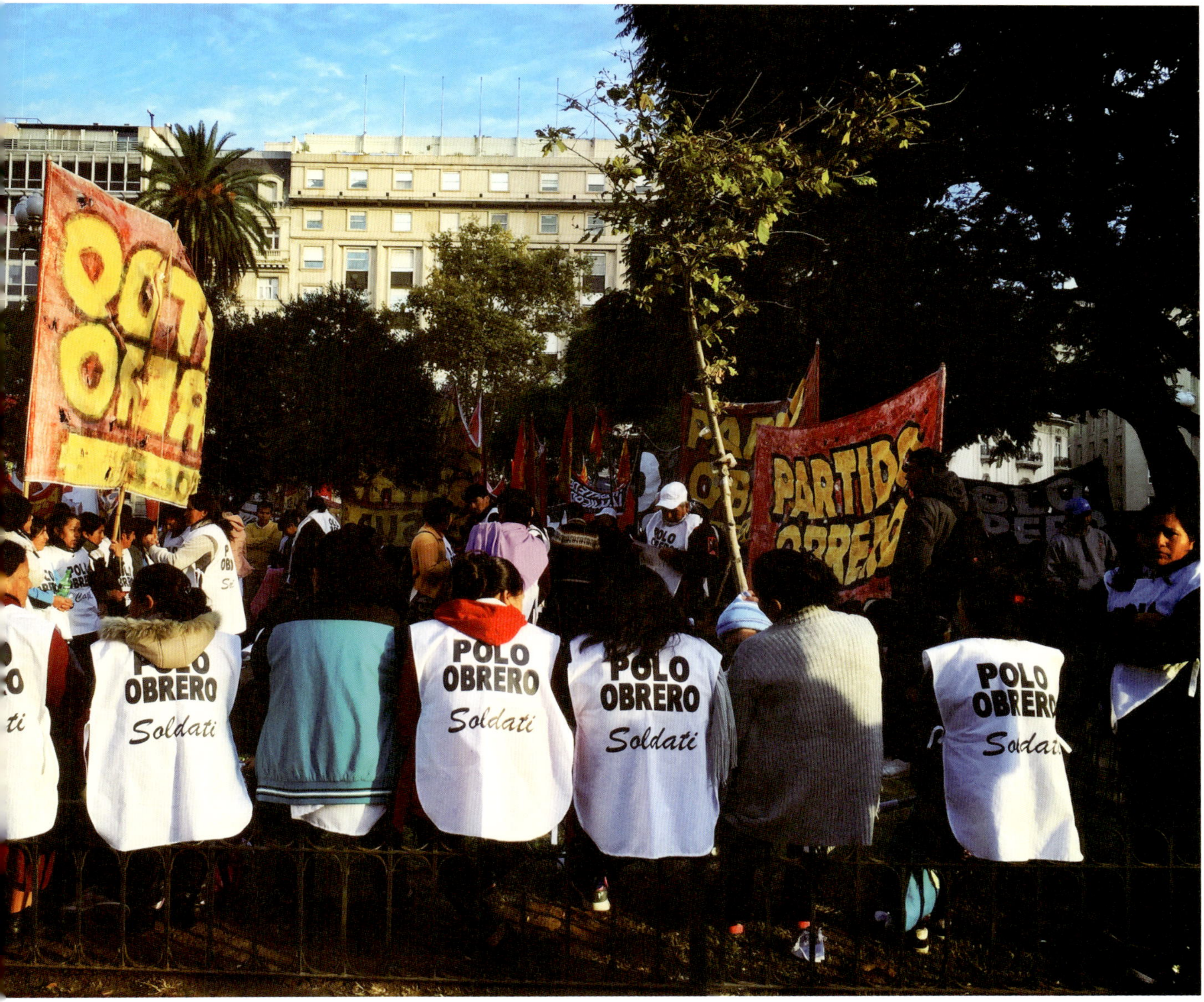
POLO
OBRERO
Soldati

凤凰花开

由于限流，菜市场外有很多人排队。
古巴是一个色彩感强烈的国家，
街边的凤凰花在枝头绽放，古巴人身着色彩鲜艳的服装。
由于古巴国内的工业和制造业并不发达，
衣服和鞋子大部分都是小贩从国外倒卖的二手或是仿制名牌，
但这并不妨碍他们穿得体面，
几乎每人家中都会有熨斗和洗衣机，
他们对自己的装扮十分在意，对衣服也十分爱惜。

唐永艳　2020 年 5 月　哈瓦那，古巴

两娃戏水加勒比

1959年革命胜利后，古巴从国家法律政策上打破了制度性种族歧视，
全国人民不分肤色种族统称古巴民族，对各项公共设施享有同等权利。
疫情期间，古巴在沙滩开放方面政策宽松，
沙滩作为人们最爱的休息场所聚集了不同肤色的民众。
5岁的姐姐和2岁的弟弟由他们的黑人爸爸带着在海边游泳。
爸爸主张让孩子自己感受身体漂浮在海水中的感觉，
笑看着孩子们在水中嬉戏打闹。

唐永艳　2020年6月　哈瓦那，古巴

护校神兽

一只流浪狗在哈瓦那大学的正校门前休息。
动物福利在古巴是一个长期被关注的话题。
2019 年 4 月，约 500 人在哈瓦那游行，要求制定保护动物的法律。
尽管哈瓦那街头流浪狗和流浪猫都很多，
但都受到了很多善良的古巴人的照料，人与动物相处十分和谐。

唐永艳　2020 年 10 月　哈瓦那，古巴

众观无界 地区研究学人眼中的发展中国家

艺术和现实

墨西哥城，乞讨者处在多级阶梯的最下层，
而其上方壁画中描绘的恰是一名乞讨者。
诞生于墨西哥革命后的壁画运动距今恰好已过百年，
贫富悬殊仍是墨西哥的重要社会问题，
当年壁画家们用艺术改革社会的理想在今天看来仍有很长的路要走。

王瀚生 2022 年 6 月 墨西哥城，墨西哥

拉丁美洲和加勒比

173

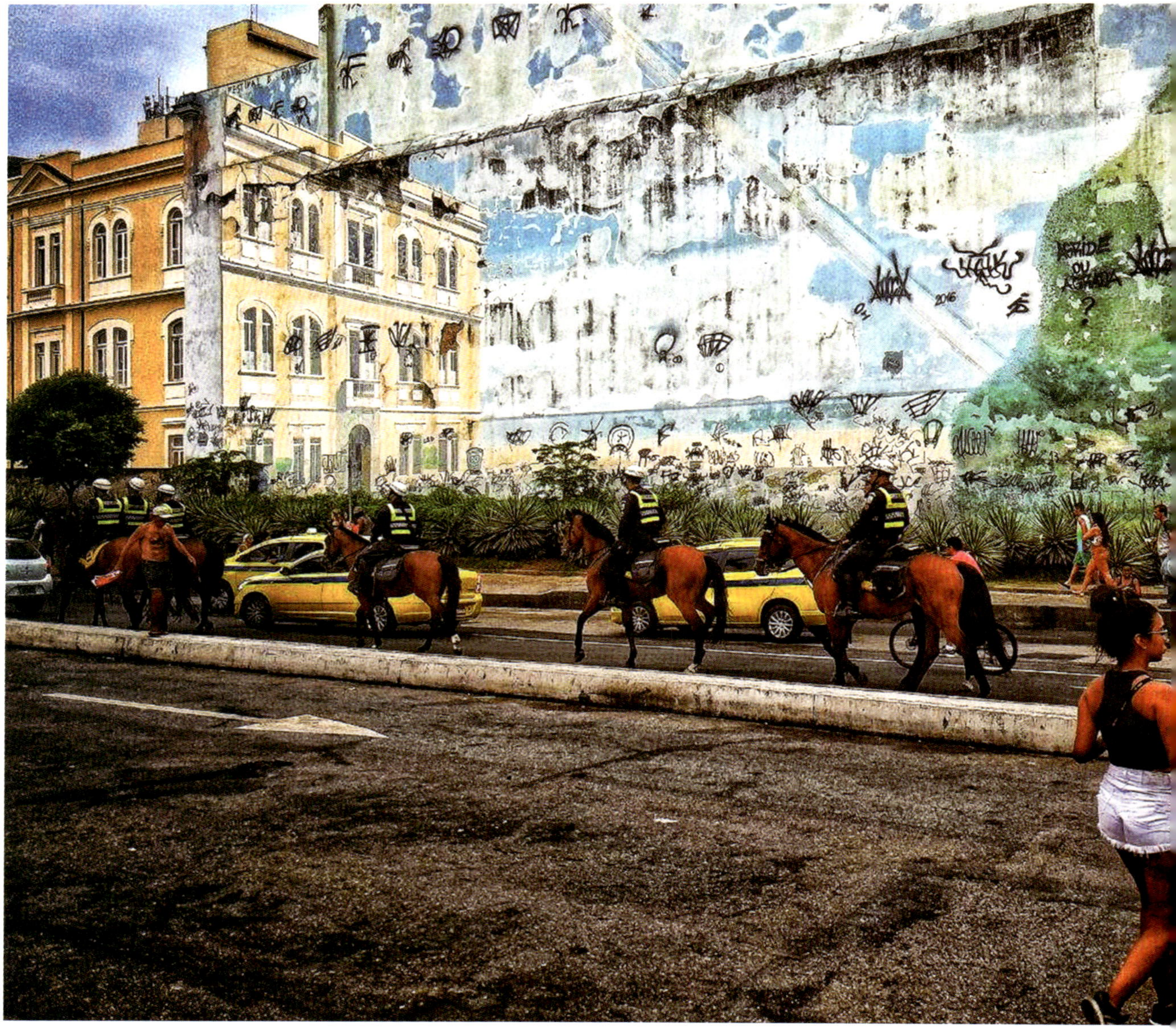

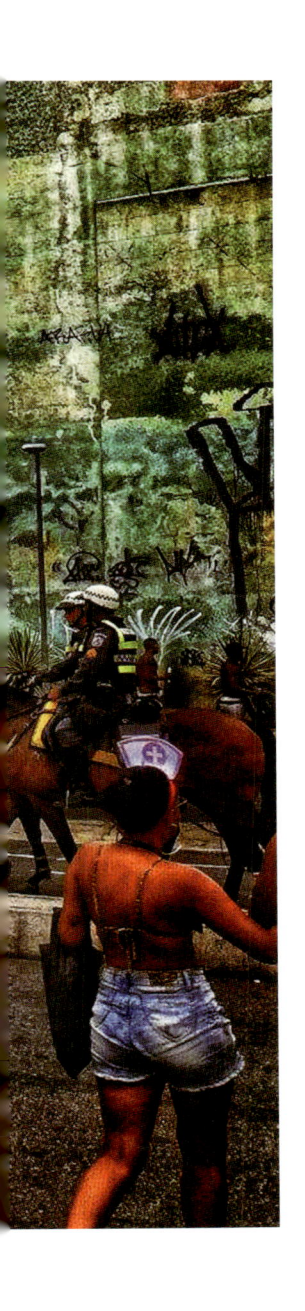

过去与现在的交织

里约市中心墙上斑驳的壁画与现实中的房子融为一体，
仿佛过去与现在交汇于同一个时空。
几位警察碰巧骑着马路过，为这个画面增添了些历史感。
1502 年 1 月 1 日，
里约第一次被命名为 "Rio de Janeiro"（意为一月的河流），
500 多年过去，里约如今仍然是充满野性魅力的城市。

刘博宇　2020 年 3 月　里约热内卢，巴西

天然彩石的马赛克壁画

墨西哥国立自治大学中央图书馆的四个外立面，
全部用彩色石头包裹，构成全国最大的马赛克装饰艺术。
壁画让墨西哥文化中普遍存在的二元性与不同的历史事件彼此联系，
还原了一部印第安文化与欧洲文化碰撞和融合的历史，
也彰显了以"混血民族主义"为内涵的墨西哥民族文化艺术的独特魅力。

李音　2014 年 8 月　墨西哥城，墨西哥

游船

霍奇米尔科生态公园作为墨西哥城城市交通发展的起点，
记录了整座城市的商贸和农业的发展。
霍奇米尔科也被誉为"墨西哥的威尼斯"，
纵横交错的运河以及各具特色的人工岛吸引着世界各地的游客。
运河上的每艘游船都以美丽的墨西哥姑娘的名字命名，
船主用明艳浓烈的色彩装饰着自己的船只，
以此赋予它们独特的性格与灵动的生命。

李音　2016 年 9 月　墨西哥城，墨西哥

多文化交融之地

瓦尔帕莱索是智利最重要的海港城市，
也是欧洲人登陆智利的第一站。
各国的商船在此交割货物，
水手们下船后的第一件事就是喝个酩酊大醉。
这座古迹众多的城市永远不会缺少酒吧和各个阶层的人群，
人们尽情地用涂鸦表达对社会的不满、对美好生活的憧憬。

徐沛原　2018 年 7 月　瓦尔帕莱索，智利

涂鸦

既有宗教元素，又有巴西本土自然元素的街头涂鸦。
巴西政府鼓励民间艺术家在街头创作涂鸦，
早期的涂鸦以反映社会不平等为主题，讽刺巴西的社会问题，
如今则题材广泛，绘画方式和风格多样，具有视觉冲击力。

周燕　2022 年 5 月　里约热内卢，巴西

拉丁美洲和加勒比

狗吠不惊

一只传统上被认为应该看家的狗子正在门户的围栏处趴着，
不惧人也不吠，翘首等待主人归家。
社会安全感在传统的书面语言中是反映社会治安状况的重要标志之一，
也是衡量社会运行机制和人们生活安定程度的标志。
但在古巴社会中，
这幅画面所展现的一角或许亦是道不拾遗、夜不闭户的具象化体现。

唐永艳　2020 年 3 月　哈瓦那，古巴

外贸之船,经济之柱

瓦尔帕莱索港,智利最重要的港口之一,
外贸是智利经济的重要支柱。
除了对华出口丰富的铜、锂矿产资源外,
智利与中国的农产品贸易也增长迅速。
2003—2021 年,智利果品对华出口额年均增长 31%,
您口中的车厘子可能就在这艘船上。

徐沛原　2018 年 8 月　瓦尔帕莱索,智利

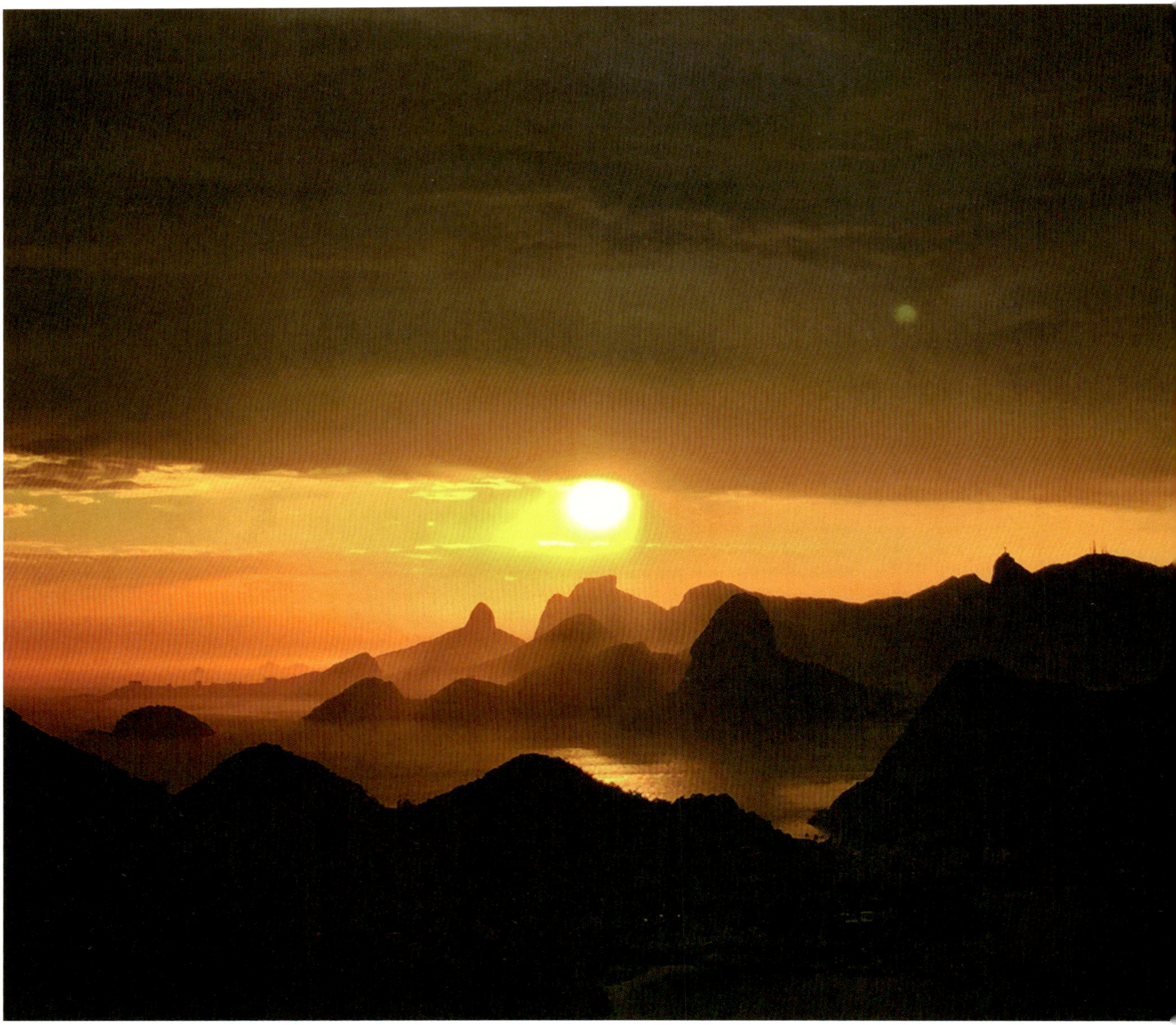

夕阳下里约的山脉剪影

里约热内卢是巴西最富诗意的城市之一,
这座城市有海、有山、有湖泊、还有雨林,
原生态的自然是她的底色。
如果你能从左至右依次认出面包山、伽威亚山、基督山,
那你对里约一定充满了感情。

刘博宇　2020 年 4 月　里约热内卢,巴西

东南亚地区位于亚洲东南部，包括中南半岛和马来群岛两大地理区域。该地区共有11个国家：东帝汶、菲律宾、柬埔寨、老挝、马来西亚、缅甸、泰国、文莱、新加坡、印度尼西亚、越南，面积约450万平方公里，人口约6.6亿。东南亚地区有着多元的民族、多样的语言和丰富的宗教文化，是全球思想和文化交汇的"十字路口"。

国际与地区研究院东南亚方向包括1名助理研究员、11名在读博士生、3名毕业校友与1名科研助理，研究国别覆盖印度尼西亚、泰国、缅甸、越南、柬埔寨、菲律宾、马来西亚、文莱、老挝等，学科涵盖政治学、人类学、法学、经济学。研究议题包括贫困与发展、族群政治、园区经济、法律传统与法文化、移民、宗教与空间等。

东南亚很多国家与我国傣族、壮族等少数民族有着共同的习俗。几百年来华人移民也将许多我国文化元素带向该地区，各种文化融合形成特有的社会形式。本章中的照片可以使读者更直观地感受东南亚特色以及文化交融所带来的独特魅力。

东南亚

05

手艺

兜售手工艺品的蓝靛瑶妇女。
蓝靛瑶是瑶族的一个支系,
因为喜爱穿着用蓝靛染的衣物而得名。
除我国广西、云南外,在越南、老挝等国亦有分布,
老挝的蓝靛瑶主要分布在北部山区。

郭迅羽　2017 年 8 月　老挝

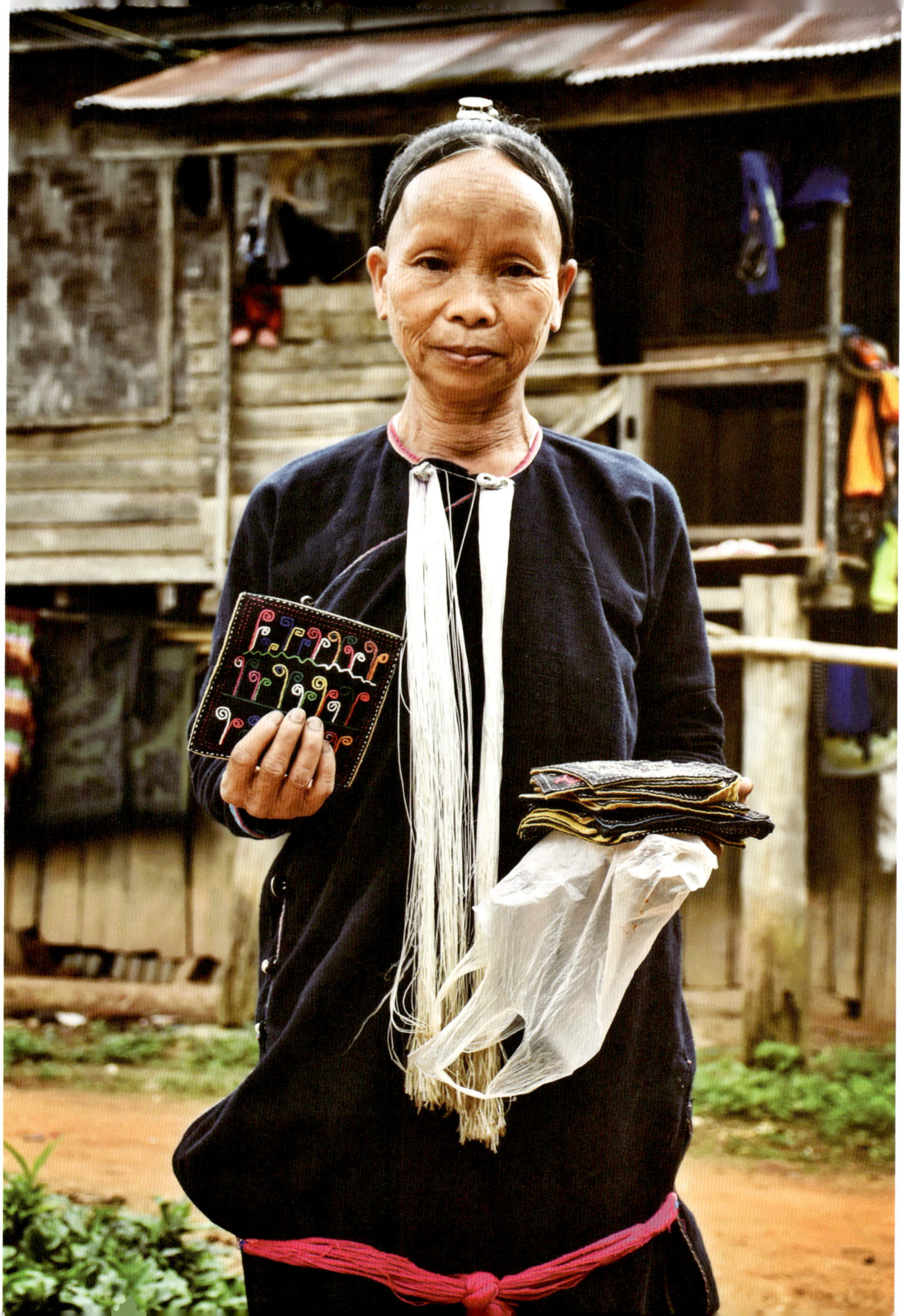

笋

竹笋是老挝人最主要的食物之一。
售卖竹笋是山区妇女的重要收入来源。
在崎岖的山道旁，
凌晨新采挖的竹笋整齐地摆放在地上，
妇女们一边等候顾客下车采买，一边照看怀中幼儿。

郭迅羽　2022 年 2 月　老挝

卖花男

菜市场里卖金盏花和茉莉花串的大叔。
缅甸八成以上的人口信仰佛教,生活中处处可见佛像。
他们用鲜花礼佛,所用大多为穿成串的金盏花和茉莉花。

姚颖　2016 年 10 月　仰光,缅甸

漂泊

带着孩子售卖椰子的巴瑶人。巴瑶族大多以潜水捕鱼为生，他们没有国籍，被称为"海上吉卜赛人"。

王晓峰　2015年1月　马来西亚

众观无界　地区研究学人眼中的发展中国家

海之牧民游走在边界之外

巴瑶人日出而作日落而息,
船只所及皆为家园,
船屋是家也是路。
国家、国籍、身份证这些在现代生活中必不可少的证明物,
于传统船屋中长大的孩子而言可有可无,
他们心中所属的家国并非现代意义上的国家,
更多是对这片平和大海的认同。

王晓峰　2015 年 1 月　马来西亚

东南亚

中爪哇茶园里种土豆的茶农

Kaligua 以前是荷兰殖民者的茶业种植园，现被收归国有。但茶园并不给茶农开工资，而是对所得茶叶进行低价收购。出售茶叶所得并不能满足一大家人的生活开支，茶农只能利用茶园内的边缘土地种土豆以增加收入。

曾嘉慧　2022 年 5 月　印度尼西亚

塔銮节布施

郭迅羽　2018 年 11 月　万象，老挝

众观无界　地区研究学人眼中的发展中国家

东南亚

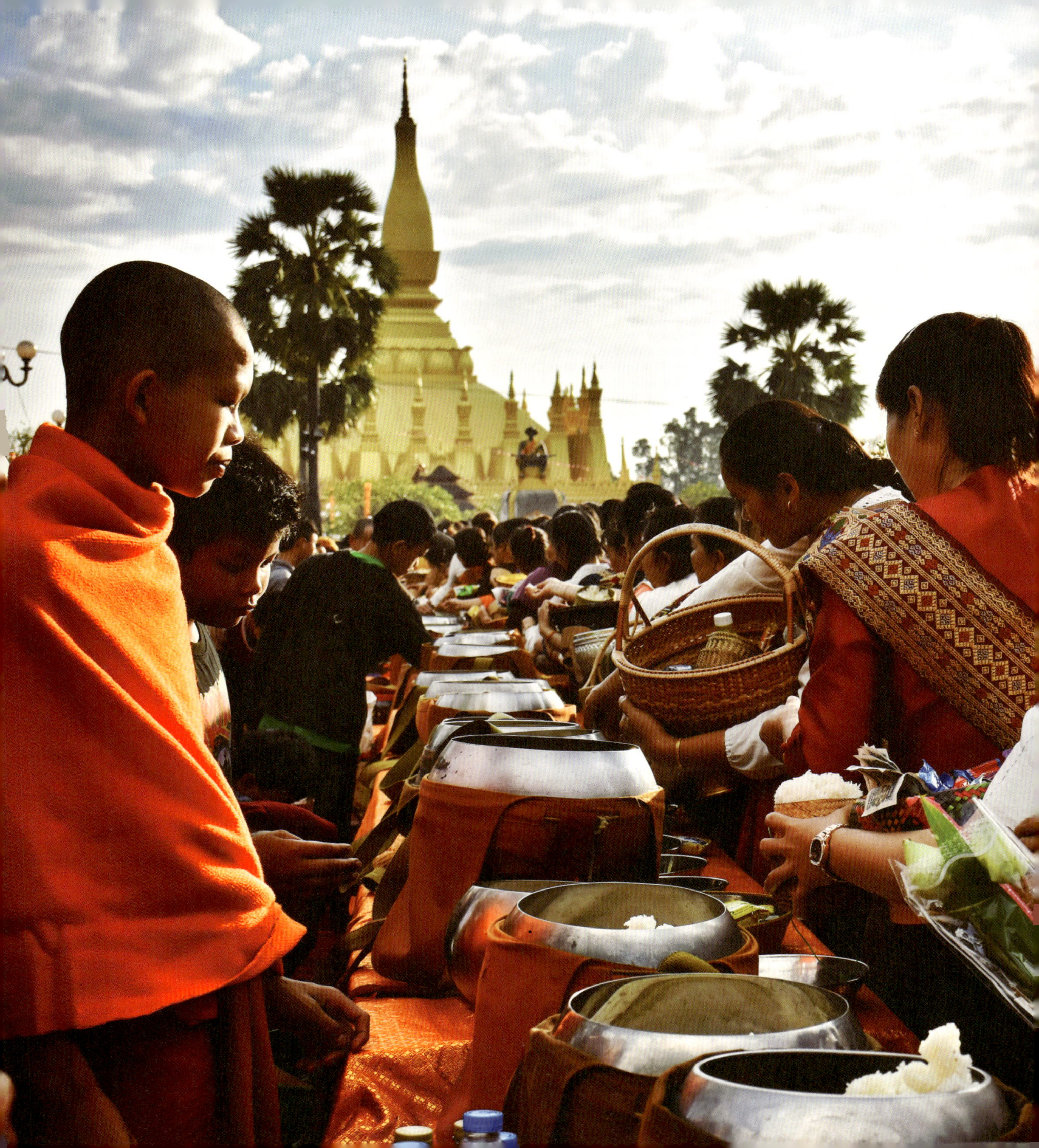

塔銮节
布施

塔銮位于老挝首都万象，
是老挝最重要的大佛塔，也是其国家象征。
塔銮节在每年的佛历 12 月，
节日最后一天的布施是老挝每年最盛大的集体布施，
民众纷纷从全国各地来此朝拜。

郭迅羽　2018 年 11 月　万象，老挝

功德

塔銮节布施结束后，
僧人们收拾好民众奉献的财施与物施，准备离开。
向僧侣布施是佛教信徒积累功德的主要方式之一。

郭迅羽　2018年11月　万象，老挝

老挝新年泼水节

宋干节是老挝最盛大的传统节日，
有着辞旧迎新之意。
节庆期间，人们相互泼水祝福，
因此宋干节亦被称作"泼水节"。
除了老挝，东南亚地区的泰国、柬埔寨和我国的傣族聚居区
也有庆祝泼水节的习俗。

郭迅羽　2016年4月　老挝

众观无界　地区研究学人眼中的发展中国家

东南亚

赛船节

为了迎接老挝新年（宋干节），原定于 9 月的龙舟赛提前举行。赛船节和水灯节、宋干节花车，并称为琅勃拉邦三大庆典活动。

郭迅羽　2016 年 4 月　琅勃拉邦，老挝

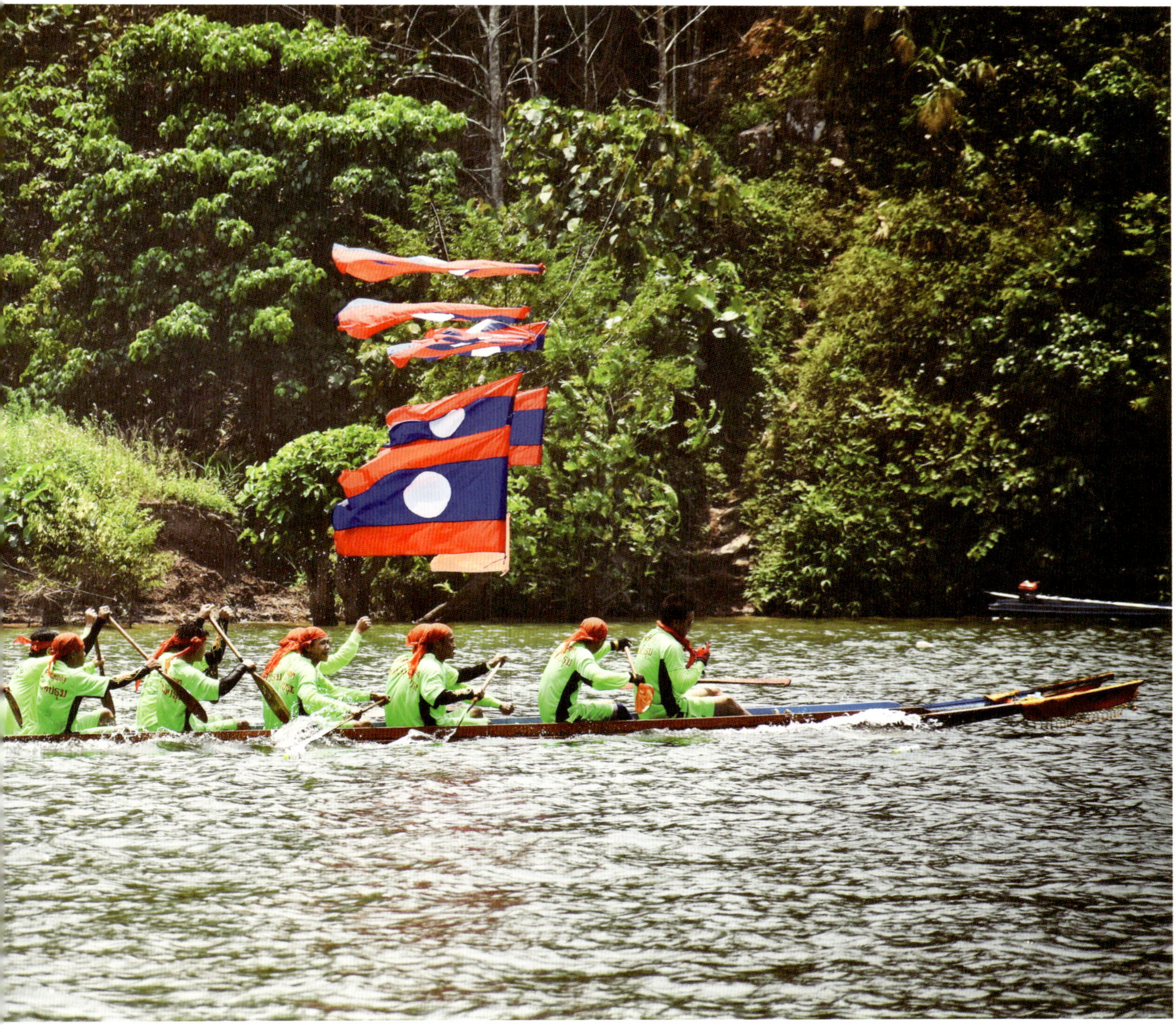

敬拜佛祖

塔开寺的出夏节献僧衣仪式将本土的手工织布文化完整融入，
成为其鲜明特色。
献僧衣仪式以县长敬拜佛祖拉开帷幕，
村民们也在这个紧张有序的过程中齐心协力，
展现出了空前的集体团结精神。

李宇晴　2018 年 11 月　乌泰他尼府，泰国

献僧衣游行活动

早上，人们站在塔开寺的门口等待游行开始。
游行非常热闹，这是一场集体狂欢。

李宇晴　2018年11月　乌泰他尼府，泰国

棉花林剪彩

塔开村的村民敬献给塔开寺僧人的僧衣，
是他们在三天之内从摘棉花、制作棉线、
手工织布到染色一气呵成新作出来的。
塔开寺方丈剪彩棉花林后，
人们便可以进入摘棉花从而开始后边的工作。

李宇晴　2018年11月　乌泰他尼府，泰国

丰收

展示当地各色农产品的车队依次经过。
整个游行队伍满载人们对自己的农耕生活和丰收的赞美，
对传统织布文化的夸耀和自豪。

李宇晴　2018 年 11 月　乌泰他尼府，泰国

东南亚

新生

新生婴儿满月宴暨母亲出月子仪式，宾客来家里为新生儿与其父母拴线祝福。

郭迅羽　2022年6月　老挝

印尼国庆高跷文化游行

高跷最初作为爪哇传统音乐的表演形式出现，
后来成为民间娱乐活动的重要组成部分，被认为有助于训练自控力。
印尼大型节日会出现穿着具有印尼文化特色服装的高跷游行队伍，
图中是身着《罗摩衍那》史诗中神猴装扮的高跷游行者。

夏方波　2022 年 8 月　谏义里县，印度尼西亚

日惹苏丹王宫
爪哇宫廷舞蹈中的女性舞者

爪哇宫廷舞蹈具有深刻的象征和宗教意义，
其美学原则崇尚表达非语言的身体力量和美感。
女性舞者优雅的动作和身姿，
配合舒缓的节奏与束缚的衣着，
呈现了爪哇舞蹈的冥想特质。

夏方波　2022 年 8 月　日惹，印度尼西亚

日惹苏丹王宫
爪哇宫廷舞蹈中的男性舞者

《罗摩衍那》史诗舞蹈是爪哇多元文化和宗教历史的结晶之一。
表演汇集了传统爪哇文化的不同方面,
舞蹈、戏剧、音乐和服装一应俱全。
壮硕的男性舞者表情及衣着威严,
结合嘉美兰的音乐让观众产生身临其境的奇幻灵动之感。

夏方波　2022 年 8 月　日惹,印度尼西亚

赐福

佬族婚礼的传统拴线祝福仪式。
在老挝，拴线仪式象征吉祥如意以及美好祝福。

郭迅羽　2016 年 4 月　老挝

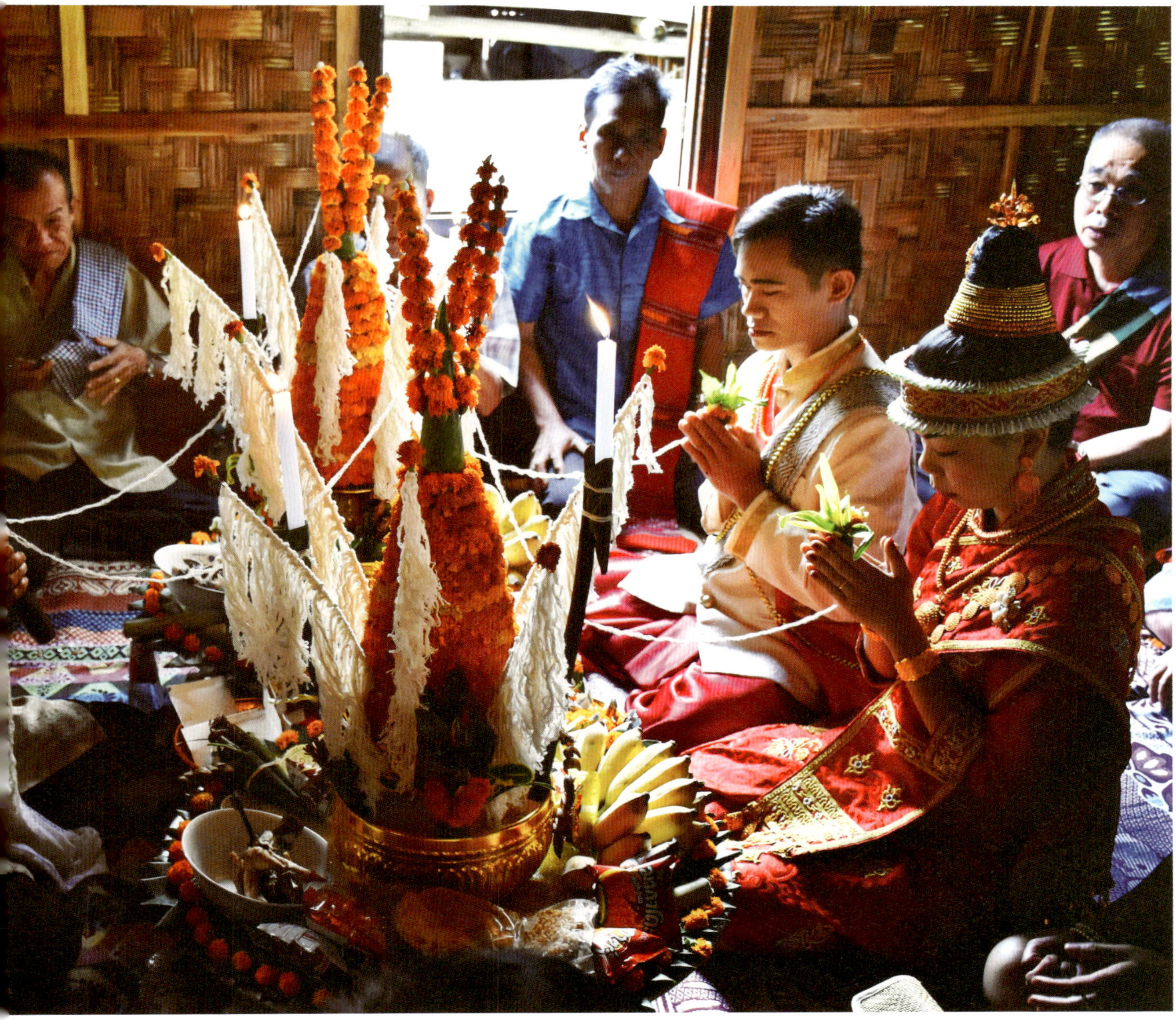

万象郊区的幼儿园和志愿者

幼儿园只有两间小平房和一个小棚子,
孩子平均年龄大概 3 到 5 岁,有的甚至还不会说话。
当地教师资源的匮乏使其不得不加入志愿者项目。
但经历过后让人感受到,
情感的抚慰不是单方的,而是双向的。

刘北　2018 年 1 月　万象,老挝

峇峇娘惹传统糕点

峇峇娘惹主要指马来半岛内的
中国移民和东南亚原住民通婚的混血后裔。
这种色彩斑斓的糕点也融合了我国南方和马六甲口味。

傅聪聪　2016 年 2 月　亚罗牙也，马来西亚

迎宾

羊皮鼓是巴厘岛和爪哇传统乐器，
最初起源于印度尼西亚，
后传播至整个东南亚地区，被称为 Kompang Jawa。
小学的羊皮鼓队成立了很多年，
每当有大型活动，就是他们一展身手的时刻。

傅聪聪　2016 年 2 月　亚罗牙也，马来西亚

众观无界 地区研究学人眼中的发展中国家

自信

为了能够阅读《古兰经》，
马来族小学生大多需要学习阿拉伯语。
得知有中国客人来访，
小朋友们争先恐后展示自己的学习成果。

傅聪聪　2016年2月　亚罗牙也，马来西亚

东南亚

身穿红色峇迪服的教师

峇迪（Batik）以棉布或丝绸绢布为材料，
通过人工蜡染成各种颜色，
是马来西亚本土文化代表之一。
大胆的颜色搭配也展现着每个人的个性。

傅聪聪　2016 年 2 月　亚罗牙也，马来西亚

众观无界 地区研究学人眼中的发展中国家

毕业

身着越南传统服装奥黛的大学毕业生。
奥黛是越南国服，上衣上半段和旗袍相似，
从腰部开叉，并搭配同色、白色或其他纯色阔脚裤。

宋天耘　2017 年 1 月　岘港，越南

东南亚

融合

曼谷是一个极具文化包容性的城市,
比如图片中的华人商铺、西方游客和当地僧侣,
不同肤色、种族和宗教的人们生活在一起,
各种各样背景的人都能在这座城市寻到归宿。

尹一凡　2022 年 8 月　曼谷,泰国

众观无界 地区研究学人眼中的发展中国家

拾荒牛

印尼日惹 Piyungan 垃圾填埋场，
牛在和垃圾填埋车"争抢"食物。
城市中产阶级出于"健康"考虑，
对吃在这样的环境下生长起来的牛而愈加迟疑，
却不曾考虑养牛是周围拾荒者最为重要的经济收入之一。

曾嘉慧 2022 年 7 月 日惹，印度尼西亚

东南亚

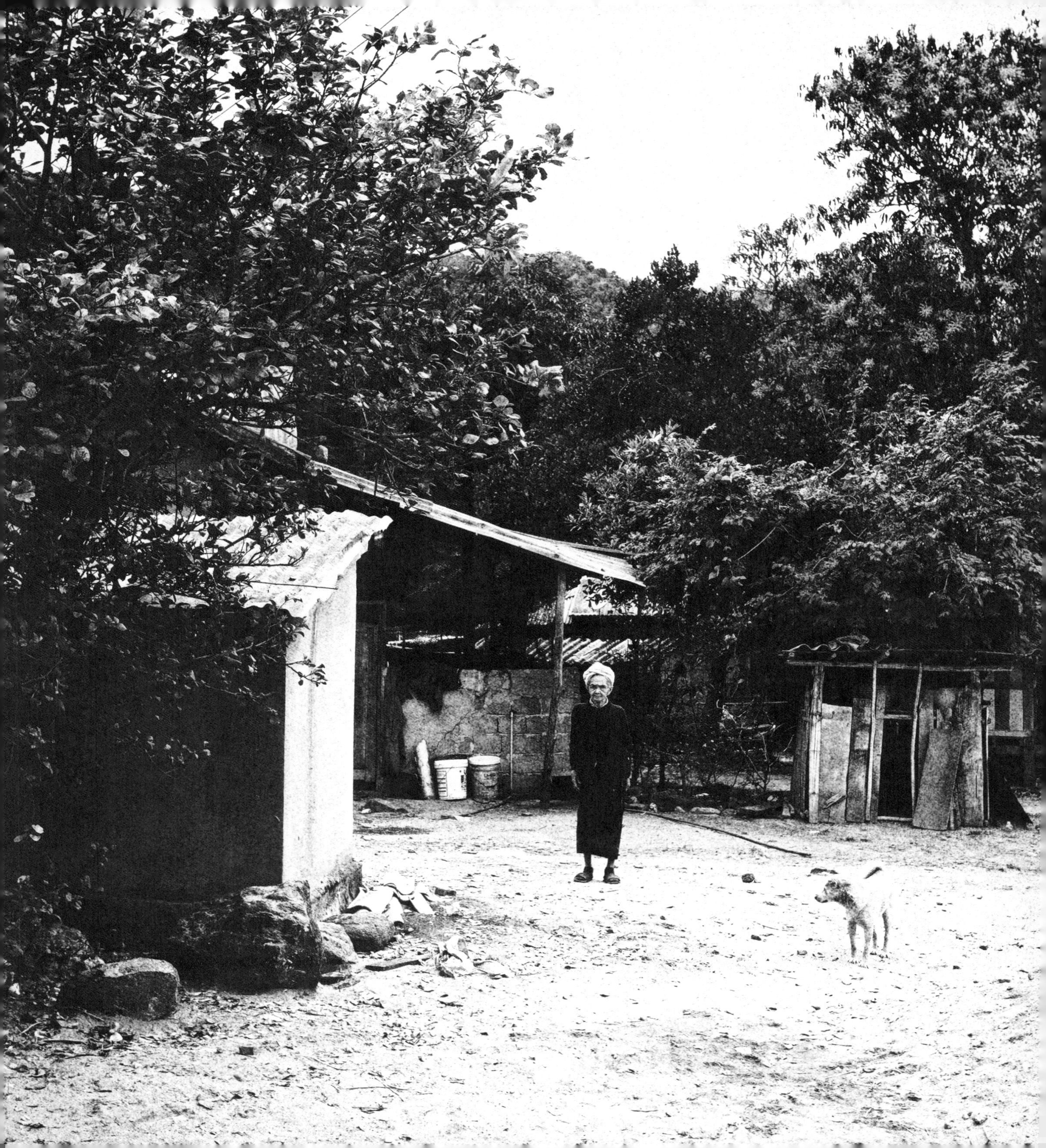

老挝东北部一个红傣族村庄

红傣是傣族的一个分支,
因其喜好的衣饰颜色而得名,
主要分布于越南西北部、老挝东北部和我国云南省。

郭迅羽　2022 年 2 月　老挝

被潮汐洪水淹没的
北爪哇村庄

由于气候变化导致的海平面上升,
潮汐洪水近年来越来越普遍,对沿海城镇产生极大影响。
在涨潮的日子里,水会流入街道,淹没附近的民居和耕地。
住在沿海和低地的普通人必须适应与洪水朝夕相处的生活。

曾嘉慧　2022 年 6 月　印度尼西亚

向海神献礼

海神庙是巴厘岛七座濒临海岸的庙宇之一。
图中的女印度教徒头顶名为扎囊萨利（Canang Sari）的贡品。
她正跨过潮水前往右侧建在离岸大岩石上的海神庙献礼，
以求获得救赎和幸福。

夏方波　2022 年 7 月　巴厘省，印度尼西亚

东南亚

屠妖节节日装饰

屠妖节起源于印度《罗摩衍那》史诗，
是印度教徒一年中最重要的节日，
在东南亚、南亚多个国家被确立为法定假日。
人们会在这天互赠礼物、点灯祈福。

傅聪聪　2015 年 11 月　吉隆坡，马来西亚

帮助边缘青少年的
非政府组织内的艺术品

柬埔寨近几十年内的战争和内战导致全国人口结构失衡。
在金边，每天都有大量儿童由于贫困、毒品、疾病和移民等问题流落街头，
成为社会不稳定因素。
该组织主要致力于帮助边缘儿童和青少年重返家庭和社会。

缪斯　2022 年 3 月　金边，柬埔寨

东南亚

若开邦妙乌镇街头

妙乌是 15 世纪阿拉干王朝的古都，
曾经是繁盛的区域商贸枢纽，
商路网络从孟加拉湾起，远至阿拉伯地区、波斯、葡萄牙等地。
如今若开邦却是缅甸最贫困的邦之一，
近些年混杂着宗教、族群等复杂因素的社群暴乱频发，
地方武装与国防军的武装冲突亦时有发生。

姚颖　2017 年 1 月　妙乌镇，缅甸

金边王宫

柬埔寨皇宫建于 19 世纪中后期，
由于当时柬埔寨同法国签署保护条约，
因此，虽然皇宫整体为高棉建筑风格，但融合了欧式建筑特色。
恰逢国母莫尼列太后华诞，皇宫门前摆放了巨型国母照片。
目前除了国王生宅区，很多宫殿和区域都已开放，可供游人参观。

缪斯　2022 年 6 月　金边，柬埔寨

东南亚

漂浮的清真寺

帕卢水上清真寺原本由几根柱子支撑于海面之上，
在 2018 年发生的苏拉威西海啸中受损。
海啸摧毁了支撑清真寺的柱子使其落入水中，
但寺体本身却完好无损。
当地人相信，是守卫清真寺圣人的神力保佑才使得清真寺能够留存。

曾嘉慧　2022 年 7 月　帕卢，印度尼西亚

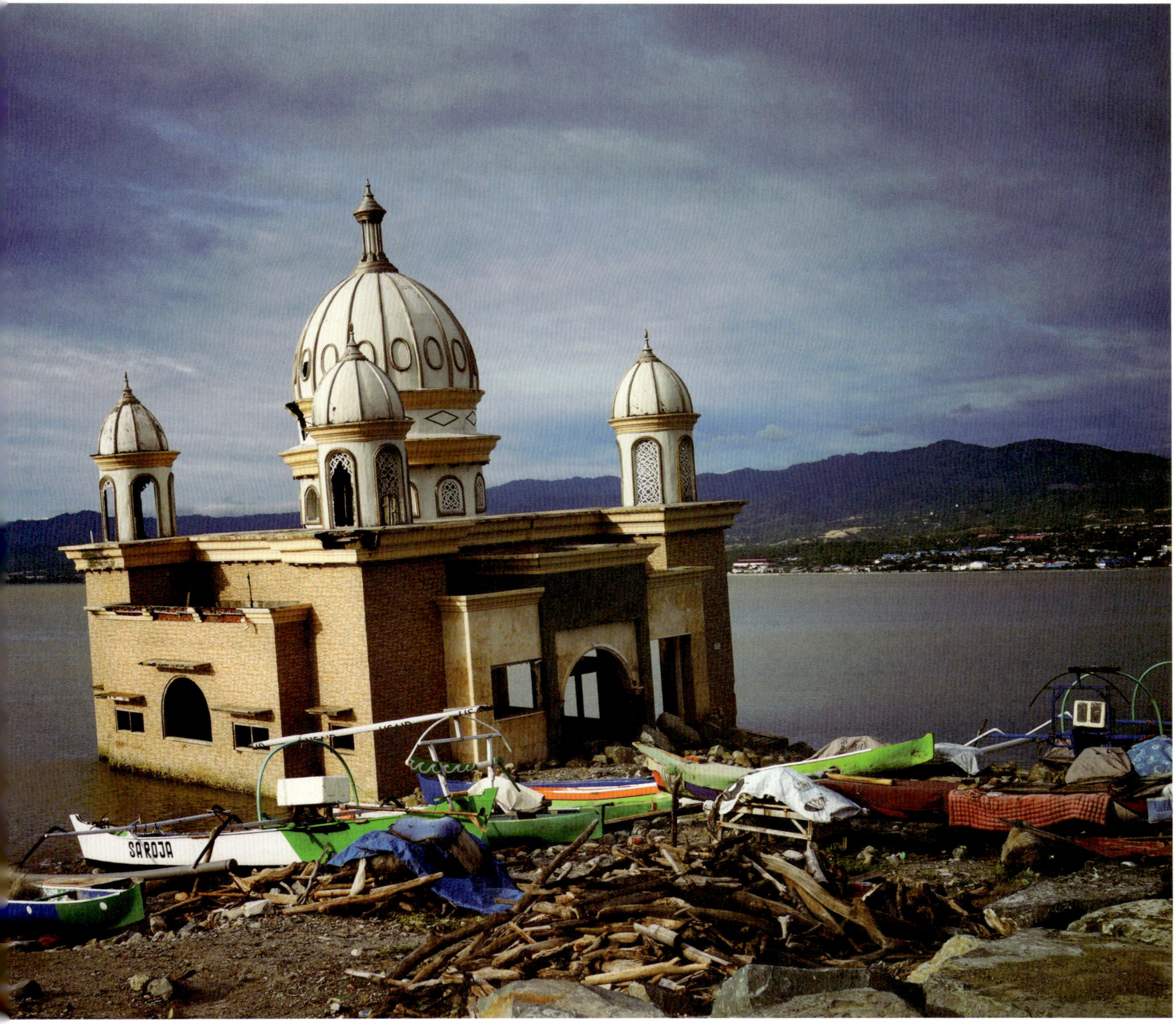
SA ROJA

南亚是位于喜马拉雅山脉以南和印度洋之间的广大地区，以南亚次大陆为主体，也包括印度洋上的相关岛屿。南亚是连接东亚、中亚和西亚的陆上中心区域，同时扼守全球最繁忙的印度洋航线咽喉地带。一般而言，南亚包括印度、巴基斯坦、阿富汗、斯里兰卡、孟加拉国、尼泊尔、不丹和马尔代夫等8个国家。南亚是世界上民族、语言、宗教等最为丰富的地区之一，被誉为世界宗教博物馆。南亚诸国均为发展中国家，大多为新兴经济体，人口众多，文化多元，在世界范围内具有较大影响力。

国际与地区研究院南亚方向由南亚研究资深专家姜景奎教授领衔，现有1名研究员、2名助理研究员、3名在读博士研究生、3名毕业校友与1名科研助理。团队当前研究覆盖国家包括印度、斯里兰卡和巴基斯坦，研究领域涉及政治学、社会学、法学、经济学、文学和新闻传播学等学科，研究议题包括印度文学文化研究、印度宗教研究、南亚区域国别研究、印度及南亚地区的经济特区治理、印度省邦政治、南亚比较政治制度研究、斯里兰卡及南亚地区的家族政治、政党政治研究等。

恒河边，虔诚的诵经者和洗衣工互不打扰；婆罗门昂着骄傲的头，帕莱雅尔疲惫地敲着手中的牛皮鼓；威严的贾汉季宫还在诉说着莫卧儿的辉煌，斯里兰卡却已经处在各种危机中；印巴边界的降旗仪式略显夸张，一条殖民者画的线却给双方带来几十年冲突。

南亚

06

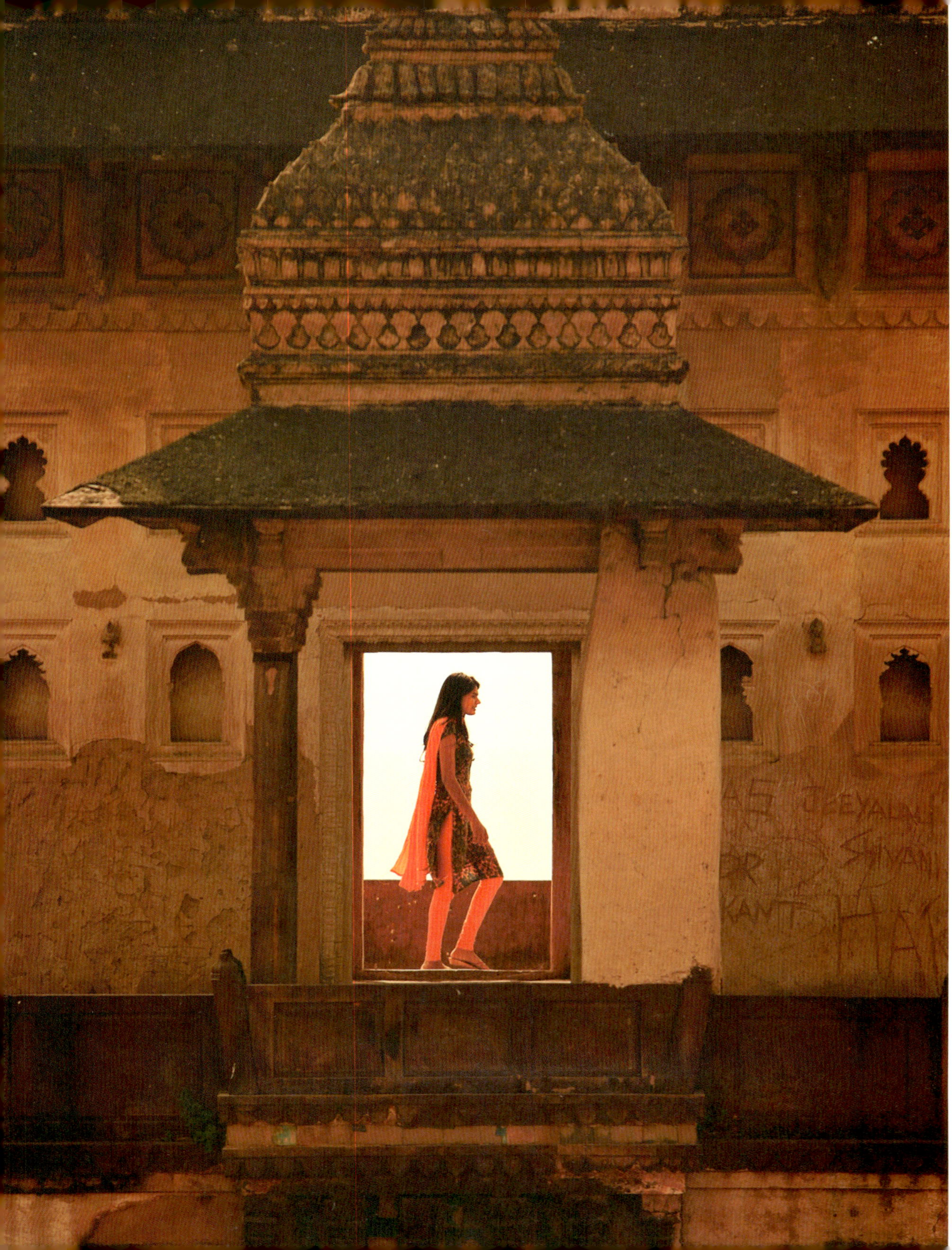

贾汉季宫与少女

在铺满鹅卵石的贝德瓦河（Betwa River）岸边，坐落着一座精美的莫卧儿建筑——贾汗季宫。身着鲜艳服装的少女与家人同游回廊时恰好进入镜头。

郭小春　2017 年 11 月　奥恰，印度

恒河西岸，
水畔石阶

通往恒河的台阶连成长长的一片。
瓦拉纳西黎明的光芒在这多彩的水畔达到灿烂的极致。
朝圣者们来到河边面对太阳做祷告。

郭小春　2017 年 11 月　瓦拉纳西，印度

சிவ சிவ
केदार घाट
EDAR GHAT
विजयानगरम घाट
VIJAYANAGARAM
GHAT
BROWN BREAD BAKERY
Restaurant & Guest House

恒河落日

一对恋人在恒河泛舟,
这幅画面让人想起海涅的诗作——
《乘着歌声的翅膀》:
乘着歌声的翅膀,
心爱的人,我带你飞翔,
向着恒河的原野,
那里有最美的地方。

郭小春　2017 年 11 月　瓦拉纳西,印度

众观无界 地区研究学人眼中的发展中国家

恒河边，湿婆派的老者眺望远方

持三叉戟是湿婆神的标志形象，
从老者额头处的涂饰中可以看到三叉戟形象。
照片近景是恒河洗衣工晾晒的绚丽衣物。

郭小春 2017年11月 瓦拉纳西，印度

南亚

清晨泛舟恒河之上

日出时分，河水缓慢地流动，
朝阳的金色晨光洒在河面，粼粼波光，
朝圣者们沐浴祈祷的画面在眼前徐徐展开。

郭小春　2017 年 11 月　瓦拉纳西，印度

湿婆派老者静坐沉思

老者额头的三道平行白线与湿婆神相仿。

郭小春　2017 年 11 月　瓦拉纳西，印度

恒河清晨

晨浴的信徒，诵经的老者，
冥想的僧侣，租船的游客，
叫卖的小贩，忙碌的洗衣工，
一派人间烟火。

郭小春　2017 年 11 月　瓦拉纳西，印度

众观无界 地区研究学人眼中的发展中国家

恒河边的毗湿奴派诵经者

这位诵经者额头的"神圣印迹"和毗湿奴神相仿。
诵经者面向阳光，眼神坚定，手击铜钹，念念有词。

郭小春　2017 年 11 月　瓦拉纳西，印度

南亚

幕天席地

劳动人民的午休，
无论何处，皆可感受自然与自我的融合，
在天与地、海与岸之间，
见证孟买南部海滨的变迁。

陈王龙诗　2017年1月　孟买，印度

海上生意经

打渔是斯里兰卡沿海居民谋生的主要方式之一，
与拉网捕鱼不同，闲暇捕钓是渔民的另一种乐趣。
一只手掂量着鱼的斤两，一只手沟通着买卖行情，
勾勒出斯里兰卡西北省沿海渔民动态的生活风貌。

何演　2017 年 2 月　卡尔皮蒂亚，斯里兰卡

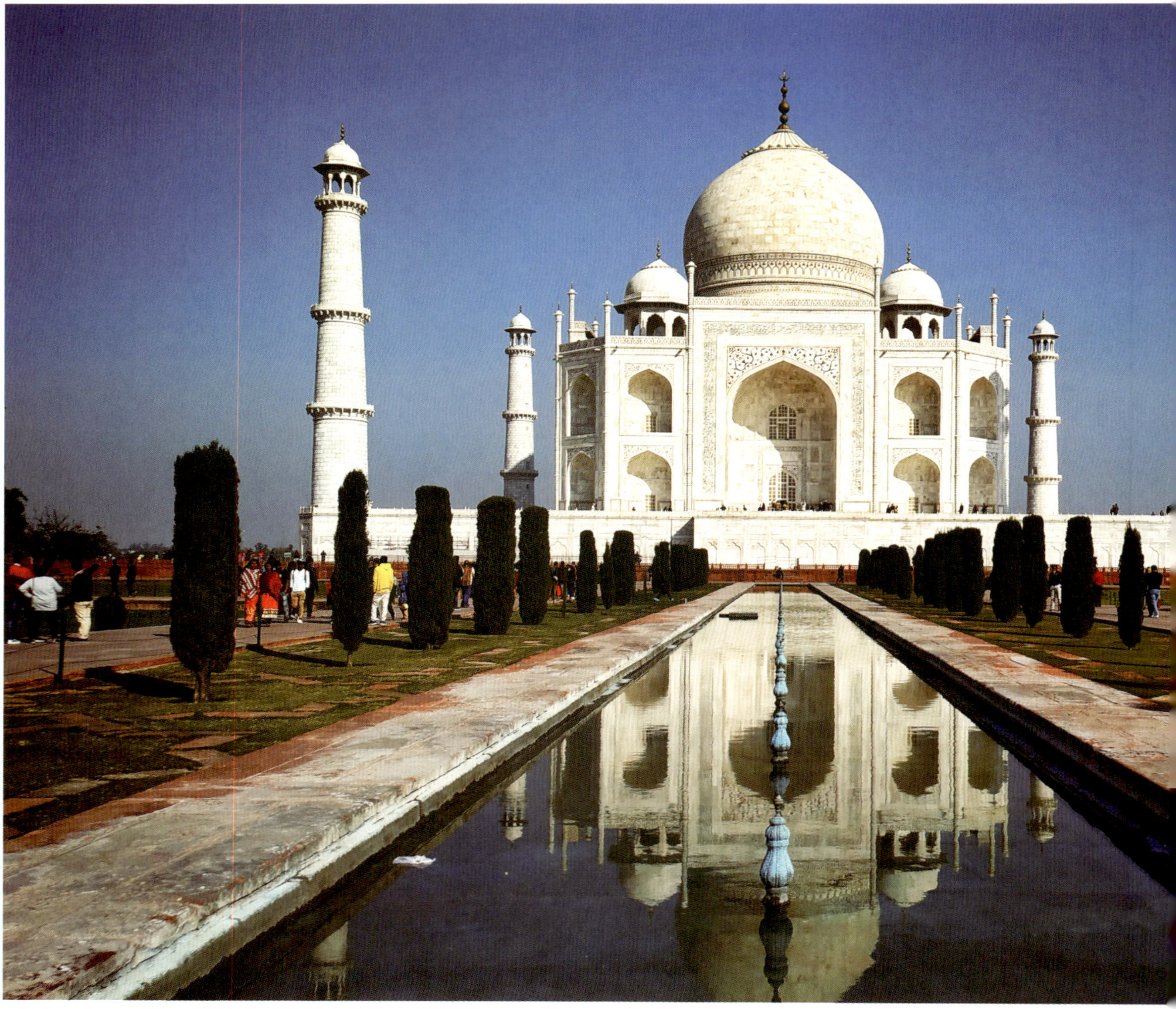

泰姬陵全貌

碧空如洗，泰姬陵端庄坐落于印度亚穆纳河西岸，
无与伦比的静穆的白石向世人诉说着亘古爱情故事。
泰戈尔《情人的眼泪》中的诗句回荡于此——
　　　　帝国皇权已化为齑粉，
　　　　历史湮没无闻，
而那白色的大理石却向漫天繁星叹息"我记得"
"我记得"——然而生命却忘却了。
　　　　因为生命必须奔赴永恒的征召，
她轻装启程，把记忆留在孤独凄凉的美的形象里。

姜景奎　2019年1月　阿格拉，印度

斋浦尔王宫宫殿一角

印度建筑史上的杰作,令人见之难忘。
宫殿墙面上密布的 900 余扇窗全部由红砂石镂空而成,设计精妙无比。
旧时王妃贵妇们常在此倚窗俯瞰街景,深闺面容藏匿其中。
如今,清风带着历史的呢喃透过窗棂轻抚而来,
宫殿俨然化作历史雄辩而无声的标记。

姜景奎 2019 年 2 月 斋浦尔,印度

众观无界 地区研究学人眼中的发展中国家

光与影

一眼穿梭远近，
一堡观看古今。
比起泰姬陵，
阿格拉堡体现着南亚伊斯兰建筑
厚重沉静的一面。

贾岩　2019 年 9 月　北方邦，印度

南亚

复刻版金佛塔

印度加尔各答郊外，
模仿缅甸仰光大金塔修建的佛塔。

王令齐　2019 年 12 月　西孟加拉邦，印度

莫卧儿风格浓郁的贾汉季宫

17 世纪伊斯兰建筑风格的巅峰之作，
当时是邦德拉（Bundela）王公统治的首府。
它就像一个野战训练场，有着陡峭的楼梯和险峻的步道。

郭小春　2017 年 11 月　奥恰，印度

巴德夏希清真寺入口处

巴德夏希清真寺有三百余年的历史，
可同时容纳约 10 万人做礼拜。
穆斯林们赤足而入，虔诚礼拜，礼拜结束后鱼贯而出，
找鞋子的短暂时间亦是彼此交流生活琐事的小憩时刻。
夕阳之下，世俗与宗教如此融洽地调和在一起。

吴嘉昊　2018 年 11 月　拉合尔，巴基斯坦

马杜赖的裁缝市场

众观无界 地区研究学人眼中的发展中国家

相较于寺庙惯有的肃穆,此处却充满市井生活的气息,
裁缝工匠在神像下踩缝纫机的景象已有百年,
众多工匠一字排开同时踩动缝纫机的场面令人难以忘怀,
世俗生活与四周环绕的宗教神像共同构成和谐且极具印度特色的图景。

杨怡爽 2018 年 7 月 印度

南亚

印度伽玛清真寺大门

伽玛清真寺建于1648年，
是沙·贾汗送给最爱的女儿的礼物。
清真寺的大门已在历史长河的冲刷下显得斑驳沧桑，
一名红发女子坐在石阶上静静仰望着清真寺，
跨越厚重历史
与辉煌浩大的莫卧儿帝国对视。

姜景奎 2019年1月 德里，印度

众观无界 地区研究学人眼中的发展中国家

农忙小憩

务农人辛勤劳作后在路边树下乘凉，
嚼生槟榔是当地多数民众的零食爱好。
在斯里兰卡干旱地区，一年的耕作时间有限。
本职工作为警察的主人公，也在农忙时节请假回家务农。

何演　2017年12月　斯里兰卡西北省

南亚

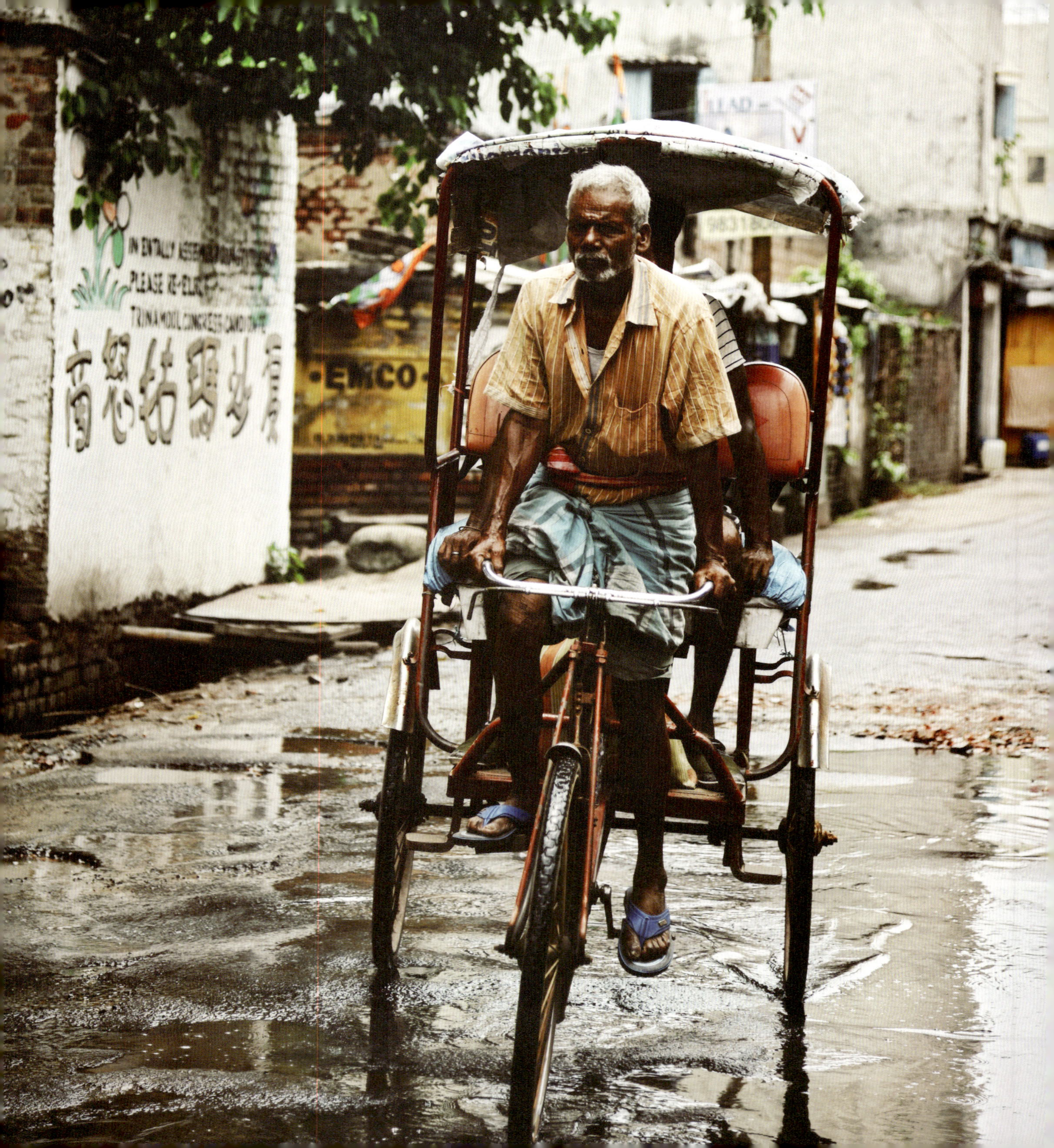
TRINAMOOL CONGRESS CANDIDATE
EMCO

加尔各答华人区的三轮车夫

公交、出租车、"突突车"和人力三轮车，
是加尔各答地区百姓们的主要出行方式，其中人力三轮车最常见。
三轮车夫们穿梭于大街小巷，栉风沐雨，
刻满沧桑的脸庞上无声诉说着人生往事，
他们的工资常常仅够糊口，但却背负着整个家庭的责任。

杨怡爽　2016 年 7 月　加尔各答，印度

印度婆罗门婚礼，婆婆赐礼儿媳仪式

印度婆罗门的婚礼盛大而隆重，新娘大多穿镶金边的红色婚纱，佩戴贵重的黄金首饰和珠宝，象征生活富裕、人丁兴旺。婚礼期间，新郎家大宴宾客，新郎的母亲为新娘送上新婚礼物，其中包括具有美好寓意的传统金首饰等，欢迎新娘加入新家庭并为他们的婚姻送上祝福。

姜景奎　2019年2月　斋浦尔，印度

印度婆罗门婚礼，
礼成祝福仪式

尽管印度各地的婚礼服装式样不统一，
但大多数新郎新娘都会选择金边红色婚服，
并佩戴纷繁黄金首饰和珠宝。
祝福仪式是整场婚礼的点睛之笔，
德高望重的人将花瓣洒在新郎新娘身上，
寓意婚姻美满幸福、生活繁荣。

姜景奎 2019年1月 新德里，印度

僧伽罗婚礼

斯里兰卡的僧伽罗婚礼具有传统特色，
新娘婚纱展现了庄重与高贵、素白和整洁的特质，
身前身后的花童洋溢着喜悦的笑容，
新郎花童作为使者在与新娘花童传递信息，画面甜蜜。
婚礼在康提皇家植物园举办，既隆重又充满生机。

何演　2013 年 1 月　康提市，斯里兰卡

加尔各答的鲜花市场

加尔各答的鲜花市场中摆放着各类鲜花，
金盏花是市场中最常见的花卉，
这种橘红与金黄相间的花朵被印度人尊称为"圣花"，
象征着纯洁，是印度婚礼上的首选。
平日里，印度民众也常在家中悬挂金盏花，祈福消灾。

杨怡爽　2018年9月　印度

锡克教小伙在
德里红堡互相拍照

红堡偶遇两位可爱的锡克小伙互拍,
他们不放过任何一个拍照的背景,
当我们的镜头被他们发现后,被邀请一起愉快地合影。

郭小春　2017年11月　德里,印度

众观无界 地区研究学人眼中的发展中国家

好奇与热情

路边杂货店，
正在玩耍的小朋友与看护的父亲，
面对稀客投来好奇的目光。

王晓峰　2016 年 4 月　斯里兰卡

南亚

泰米尔纳德邦神庙外的摊贩

小摊贩售卖各类神灵画像和小雕像,琳琅满目,
往来游客络绎不绝,常流连于此,
其实里面很多神灵画像和小雕像产自中国的义乌。

杨怡爽　2018 年 7 月　印度

热带农耕

农耕是斯里兰卡人的主要劳作方式，
斯里兰卡南部属于多雨区，
水田里劳作的农民，期待着新一轮收获季节的到来。

何演　2017 年 11 月　马塔拉，斯里兰卡南部省

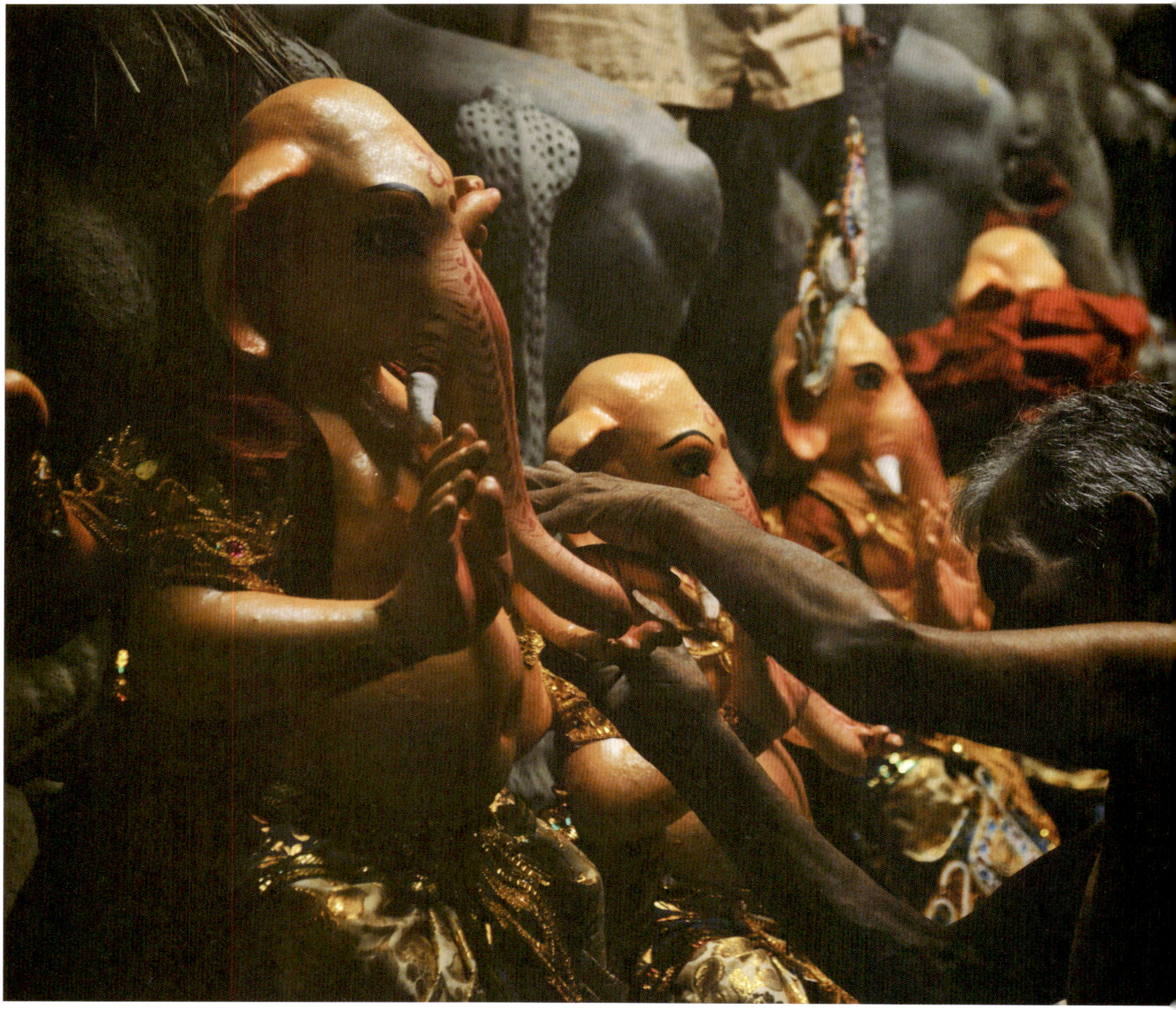

加尔各答的神像作坊

工匠们以制造神像为生,
在一笔一画的精雕细琢中勾勒着自己的信仰,
一尊尊受到人们顶礼膜拜的神像
以泥土为身,草木为骨,成为非凡之躯。
曾有工匠表示"自己很享受造神像的过程",
人创造出了神的载体,又将其放置在比自己更高的位置,
受其约束、予其供奉,将自己的信仰具象化。

杨怡爽 2018年9月 印度

知名政客的学位观礼

在高等教育上有所成就，
是斯里兰卡政客普遍的理想追求。
一位内阁部长的博士学位授予典礼，
招徕追随者云集于此，
其中佛教僧侣代表是突出的组成部分。

何演　2018 年 3 月　科伦坡，斯里兰卡

众观无界 地区研究学人眼中的发展中国家

印巴边界，等待降旗仪式开始的观众们

印巴分治几十年来，
每天早晚时分两国边境部队都会上演口岸关闭降旗仪式。
两国军人都尽力让自己踏步的声音压过对方、
脚抬得高过对方、声势盖过对方，
在经过一系列"较劲"后，双方军人迅速握手并收回国旗。
两边场地内高放国歌、齐呼口号，声势浩大，地动山摇，
民族主义情绪也在这一时刻达到顶峰。

吴嘉昊　2018 年 11 月　拉合尔，巴基斯坦

南亚

街头激情

科伦坡街头时常涌现政治激情，他们是选举造势活动的积极追随者。作为拉贾帕克萨及其政党的忠实粉丝，选民为其高呼和呐喊。

何演　2018 年 9 月　科伦坡，斯里兰卡

某街区的镰刀锤头标志

镰刀锤头标志在加尔各答并不罕见，
相比于印度其他城市，加尔各答有着自己独特的社会政治文化，
包括印度共产党在内的左翼政党在西孟加拉邦有超过 30 年的执政历史。

杨怡爽　2019 年 10 月　加尔各答，印度

帕莱雅尔种姓的乐师

在南印度泰米尔纳德邦和克拉拉邦，
帕莱雅尔属于"贱民"种姓，
帕莱雅尔的意思即"鼓人"，
常在社区成员的婚礼或乡村的节日中扮演鼓手的角色，
由于常年接触牛皮制品，因此被认为是"不洁的"。

杨怡爽　2018年7月　印度

洒红节狂欢

洒红节是印度传统节日，也是印度传统新年。
节日庆祝期间，人们抛洒花粉，身上染满颜料，
泼水狂欢，迎接春天的到来。

雷定坤　2018年3月　印度

海岛祭祀

马尔代夫兰达吉拉瓦鲁岛，
偶遇傍晚正在祈福的本地人。
背篓里的燃香是仪式必备品，
人们沿着小路两旁的树丛进行祭祀。

何演　2017 年 9 月　马尔代夫

南印度的婆罗门

随着印度教民族主义的崛起，
印度，尤其是南印度的婆罗门群体的特权被大幅削减，
一些婆罗门也不再在祭祀仪式中享有掌控权，
泰米尔纳德邦的首陀罗们广泛建立起政治联盟，
更进一步地剥夺婆罗门的优势地位。
浏览手机的婆罗门们依旧保持着一些传统的、上层阶级的"优雅"，
但并不白皙的皮肤和日渐不体面的衣着能够看出其地位的日趋下滑。

杨怡爽　2018 年 7 月　印度

致　谢

感谢清华大学原校长顾秉林院士和陈吉宁教授，两位校长十二年前便将发展中国家研究作为一项重要事业。在他们的大力支持下，一代青年学子投身其中，将脚步迈向南方。

感谢清华大学校长王希勤教授，国际与地区研究院院长杨光研究员，副院长姜景奎教授、张静女士、赵劲松先生对我们不计回报的支持。诸位良师既是我们坚强的后盾，也是我们一往无前的底气。

感谢为本影集提供图片的所有地区院师生，他们坚定的意志和不变的理想必将为我国区域国别学学科发展打下牢固的基础并提供源源不断的动力。他们是（按姓氏首字母排列）：

欧亚方向：石靖、王涛、张韦康、郑楠、周游；

西亚北非方向：丁辰熹、段九州、胡舒蕾、刘岚雨、马悦、王霆懿、杨光、朱珈熠；

撒哈拉以南非洲方向：陈宏来、冯理达、高良敏、江源、李连星、唐溪源、王书剑、肖齐家、熊星翰、杨崇圣、张水北；

拉丁美洲和加勒比方向：李音、刘博宇、唐永艳、王瀚生、王诗傲、徐沛原、袁梦琪、周燕；

东南亚方向：傅聪聪、郭迅羽、李宇晴、缪斯、宋天耘、王令齐、王晓峰、夏方波、姚颖、尹一凡、曾佳慧；

南亚方向：陈王龙诗、何演、姜景奎、雷定坤、刘北、吴嘉昊。

此外，北京大学贾岩老师、云南财经大学杨怡爽老师，以及郭小春先生亦为本影集贡献了许多精彩瞬间。感谢清华大学新闻与传播学院梁君健副教授为本影集提供的宝贵意见。

地区院科研助理王琴、许帅、宋天耘老师在本影集的前期准备、后期校对等环节付出良多，商务印书馆编辑团队为本书的出版提供了巨大支持，在此一并感谢。

最后，感谢全球发展中国家的人民，他们用真诚和热情让所有进入田野的青年研究人员在异国他乡也能感受到各种温暖。第一个十年已经过去，我们将用更多个十年去追逐大家共同的理想。

图书在版编目（CIP）数据

众观无界：地区研究学人眼中的发展中国家／张静，郑楠主编．—北京：商务印书馆，2023
ISBN 978-7-100-22554-0

Ⅰ．①众… Ⅱ．①张… ②郑… Ⅲ．①发展中国家—世界—摄影集 Ⅳ．① D501-64

中国国家版本馆 CIP 数据核字（2023）第 099576 号

权利保留，侵权必究。

众观无界
地区研究学人眼中的发展中国家

张静　郑楠　主编

商 务 印 书 馆 出 版
（北京王府井大街36号　邮政编码 100710）
商 务 印 书 馆 发 行
北京雅昌艺术印刷有限公司印刷
ISBN 978-7-100-22554-0

2023年6月第1版	开本 889×1194 1/16
2023年6月北京第1次印刷	印张 17½

定价：228.00 元

地区院编辑团队

郑 楠　熊星翰　高良敏　刘岚雨　王 涛

北京宸星教育基金会 资助
Beijing Chenxing Education Foundation